高等职业教育课程

适合铁路类各专业

铁路职业道德与职业素养

TIELU ZHIYE DAODE YU ZHIYE SUYANG

主　编◎王　慧　律　鹏

副主编◎朱翠翠　胡　博

西南交通大学出版社
·成都·

图书在版编目（CIP）数据

铁路职业道德与职业素养 / 王慧，律鹏主编. —成
都：西南交通大学出版社，2021.2（2024.7 重印）
ISBN 978-7-5643-7860-8

Ⅰ . ①铁… Ⅱ . ①王… ②律… Ⅲ . ①铁路运输 – 乘
务人员 – 职业道德 – 高等职业教育 – 教材 Ⅳ . ①F530.9

中国版本图书馆 CIP 数据核字（2020）第 250171 号

Tielu Zhiye Daode yu Zhiye Suyang

铁路职业道德与职业素养

主编　王　慧　律　鹏

责 任 编 辑	臧玉兰
助 理 编 辑	何宝华
封 面 设 计	墨创文化
	西南交通大学出版社
出 版 发 行	（四川省成都市金牛区二环路北一段 111 号
	西南交通大学创新大厦 21 楼）
发行部电话	028-87600564　028-87600533
邮 政 编 码	610031
网　　　址	http://www.xnjdcbs.com
印　　　刷	成都蜀通印务有限责任公司
成 品 尺 寸	185 mm × 260 mm
印　　　张	12
字　　　数	262 千
版　　　次	2021 年 2 月第 1 版
印　　　次	2024 年 7 月第 3 次
书　　　号	ISBN 978-7-5643-7860-8
定　　　价	46.00 元

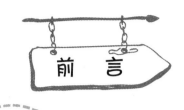

前 言

　　职业道德是每一个从业人员在职业活动中必须遵守的行为准则，它展现了从业人员和服务对象、职业和职工、职业和职业之间一种最为广阔的社会关系。

　　铁路作为重要的基础设施、国民经济的大动脉，始终是我国交通运输的骨干力量，21 世纪的今天，以高速、重载和信息化、自动化、智能化等高新技术武装起来的铁路，更加充满生机与活力。铁路凭借其良好的性能和独特的技术经济优势，在世界经济和人类社会发展中发挥着重要作用。

　　熟悉铁路职工应该具备的职业素质和职业道德，明确铁路行业规范，设计好职业生涯规划，是当好铁路职工、做好铁路工作的重要前提和保证。

　　一百多年来，一代又一代铁路人把民族精神和科学精神高度融合，在铁路设计建造、养护维修过程中凝结出铁路工匠精神，并不断传承和弘扬。在交通强国、铁路先行的实践中，铁路智能化建设的步伐越来越快，在这个进程中，进一步传承和弘扬铁路工匠精神显得尤为迫切和重要。

　　本书是校企合作编写的教材，由天津铁道职业技术学院王慧和中国铁路北京局集团有限公司天津货运中心新港营业部支部书记律鹏任主编，副主编为济南市技师学院朱翠翠和中国铁路北京局集团有限公司天津客运段胡博，具体分工如下：朱翠翠编写模块一；胡博编写模块二；王慧编写模块三、模块四、模块五和模块六；律鹏编写模块七。

　　由于编者水平有限，书中不妥之处，敬请批评指正。

编　者

2020 年 9 月

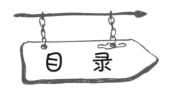

目　录

模块五　铁路职业能力

模块六　铁路职业各岗位行为规范

模块七　铁路工匠精神

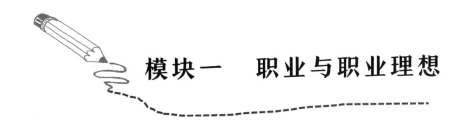

模块一　职业与职业理想

学习目标

了解职业的重要地位，树立职业理想。

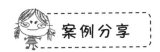

案例分享

坚定信念，敢于筑梦

他虽身高不足 1.7 米，却被称作"小巨人"；他虽只有高中学历，却是国家级技能大师；他就是巨晓林，现任中铁电气化局第一工程有限公司第六项目（高铁）管理分公司接触网高级技师，国家首批以他名字命名的国家级技能大师工作室（接触网专业）带头人。

20 世纪 50 年代，国家修建的第一条电气化铁路（如图 1-1）宝成线宝鸡至凤州段经过巨晓林的家乡，很多同乡都参加了这条铁路的建设工作。他从小就听到很多铁路工人不怕千难万苦为祖国修建铁路的感人故事，梦想有一天自己也能穿上铁路制服，成为一名光荣的铁路工人。

在得知中铁电气化局集团一公司招收农民工的消息之后，他辞别亲人，背起放有几件干活时穿的旧衣服和母亲煮的几个鸡蛋的行囊，赶到 15 千米外的蔡家坡站，踏上了北去的列车。

巨晓林的职业生涯就在接触网改造的工班里开启了。图纸、书、笔记本成为他身边必带的 3 件宝。

参加工作 30 多年来，巨晓林先后参加了大秦线、京沪高铁、合福客专等十几条国家重点电气化铁路工程的施工。先后荣获全国五一劳动奖章、中华技能大奖、全国创先争优优秀共产党员、全国劳动模范。

从普通的农民工一步步成长为享誉全国的"知识型新型工人、农民工楷模"，巨晓林矢志不渝、自强不息，用信念和意志叩开了梦想的辉煌殿堂，用心血和汗水谱写出人生的精彩华章。

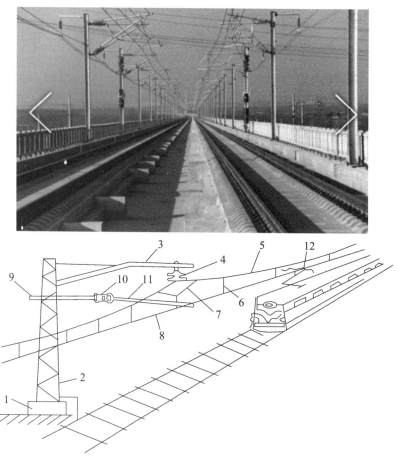

1—基础；2—支柱；3—腕臂支持装置；4—绝缘子；5—承力索；6—吊弦；7—弹性吊弦；
8—接触导线；9—定位肩架；10—棒式绝缘子；11—定位管；12—受电弓

图 1-1　电气化铁路

相关知识

单元 1　职　业

　　理解职业道德，首先要认识职业。职业作为一种社会现象，是生产发展和社会分工的产物，随着生产力水平的提高和生产需要的增加而不断发展。随着科学技术的进步，生产社会化和专业化程度越来越高，社会分工越来越细，涉及人类社会生产生活方方面面的各行各业也随之出现。

一、职业的概念

职业是指人们由于社会分工和生产内部的劳动分工，而长期从事的具有专门业务和特定职责，并以此作为主要生活来源的社会活动。职业是社会分工的产物。在原始社会，人类的劳动没有固定的分工，不存在职业。原始社会末期，由于畜牧业与农业、手工业与农业的分离，出现了最初的职业。此后，随着生产力的发展，社会分工越来越细，在社会生产中，职业的门类越来越多。

职业是一种社会角色。在社会生产活动中，劳动者所从事的职业在赋予劳动者以工作内容、劳动方式、知识经验、技能技巧的同时，也是劳动者所具有的权益、义务、职责乃至社会地位的一般性表征，还是对人们的生活方式、经济状况、文化水平、行为模式、思想情操、道德品质的一种综合性反映。职业具有社会性和稳定性。社会性指职业是劳动者在特定的社会环境中所从事的某种社会生产劳动或社会工作，并被国家认可。稳定性指劳动者只有在较长时间内连续进行某种社会劳动，并通过这项劳动较稳定地获得一定的经济收入，这种劳动才被视为职业活动。

（一）职业的概念

对于"职业"一词的具体含义，不同学者有不同的解释。

美国社会学者塞尔兹认为：职业是一个人为了不断地取得收入而连续地从事的某种具有市场价值的特殊活动，它决定着从事该项活动的人的社会地位。日本就业问题专家保谷六郎认为：职业是具有劳动能力的人为了生活和贡献社会而发挥其能力连续从事的劳动。《现代汉语词典》对职业的解释是：职业是个人在社会中所从事的作为主要生活来源的工作。我国经济学家潘金棠认为：职业是劳动者比较稳定地从事某项有酬工作而获得的劳动角色。

"职业"的概念可以从四个层面来理解。一是与人类的需求和职业结构相关，强调社会分工；二是与职业的内在属性相关，强调利用专门的知识和技能；三是与社会伦理相关，强调创造物质财富和精神财富，获得合理报酬；四是与个人生活相关，强调职业是物质生活来源，并满足精神生活的需求。

（二）职业的意义

在当今社会，职业具有十分重要的意义：一是谋生手段；二是社会角色；三是自我实现之路。

1. 职业是一种谋生手段

职业首先是一种谋生手段，是人们为获取主要生活来源而从事的社会活动。职业活动最基本的意义就是谋利，人们从事职业活动，获得现金或实物等经济上合理的报酬，以作为生活的来源。

2. 职业是一种社会现象

职业作为一种社会现象，也是与社会分工和生产内部的劳动分工相联系的。有了社会分工就有了职业，职业总是与一定的业务工作范畴相联系的。从事一定的职业就是扮演社会角色，就必须承担与这一社会角色相应的职责。

3. 职业可以促进社会的进步

职业如果仅仅作为一种角色、义务和责任，就失去了人的主体活动的目的性。成功的职业生活不只是获得多少报酬或是否尽到岗位责任，还意味着人们在参与社会职业生活时，在一定程度上将自己的能力、才华和创造力发挥出来，促进社会的进步。

二、职业化

（一）职业化概念

职业化的定义为：普通的非专业性的职业从业人员，通过培训和开发，具备符合专业标准的道德、知识、技能和文化等素养，并获得相应的社会专业地位的动态过程。简单地讲，职业化就是一种工作状态的标准化、规范化、制度化，包含在工作中应该遵循的职业行为规范、职业素养和职业技能。职业化使职工在知识、技能、观念、思维、态度、心理上符合职业规范和标准。

职业化是一种潜在的文化氛围，是一种在职场中专用的语言和行事规则。职场中的人都用这种语言说话，都用这种行事规则办事，而一个非职业的人往往不能拥有这种语言和行事规则。

职业化就是为了达到职业的要求所要具备的素质和追求成为优秀职业人的历程。职业化既有很多外在的素质表现，如看重形象、礼仪、礼节等；也有很多内在的意识要求，如思考问题的模式、内在的道德标准等。

职业化是一种精神、一种力量、一套规则，即职业化是不断追求事业成功的精神，是追求自身价值体现的力量，是实现事业成功的一套规则。

（二）职业化的内容

1. 职业化素养

职业道德、职业意识、职业心态是职业化素养的重要内容，也是职业化的最根本内容。

美国著名的《哈佛商业评论》评出九条职业人应该遵循的职业道德，即诚实、正直、守信、忠诚、公平、关心他人、尊重他人、追求卓越、承担责任。这些都是最基本的职业化素养。

2. 职业化行为规范

职业化行为规范更多地体现在遵守行业和公司的行为规范上，包含职业化思想、职业化语言、职业化动作三个方面的内容。每个行业有每个行业的行为规范，每个企业有每个企业的行为规范。一个职业化程度高的职工，能在进入某个行业的某个企业的较短时间内，严格按照相应行为规范要求自己，使思想、语言、动作符合自己的身份。

3. 职业化技能

职业化技能是工作岗位对工作者专业技能的要求，是企业职工对工作的一种胜任能力。职业化必备技能主要有角色认知、正确工作观与企业观、科学工作方法、职业生涯规划与管理、专业形象与礼仪、高效沟通技巧、高效时间管理、写作技巧、团队建设与团队精神、人际关系处理技巧、客户服务技巧、情绪控制技巧、压力管理技巧、高效学习技巧等。

铁路系统包括车务、机务、工务、电务、车辆、供电、客运和货运等重要部门，各部门的岗位技能和职责有所区别。

（三）职业化的特征

职业者只有在外表、工作行为、知识、技能、态度、职业价值观等方面实现全面的转变，才可能成为职业化的合格职工。职业化的特征包括以下几个方面。

1. 长期性

职业者需要通过长期的训练才能取得该职业所需要的系统技能。知识、技能的获得以及态度的转变需要较长的时间，职业价值观的形成则需要更长的时间，这就决定了职业化过程的长期性特征。

2. 知识性

职业化过程中的专业化要求决定了职业化过程中知识学习的重要性。

3. 广泛认可性

职业化过程中的社会化要求决定了职业化过程的广泛认可性。

4. 文化性

职业者相互影响、相互作用，构成了独特的职业文化。

5. 自我约束性

职业化要通过某种道德标准来调整就业者与客户、同事之间的关系，职业化主体角色的重要性决定了其自我约束的特征。

三、培养职业兴趣

（一）职业兴趣

兴趣是一个人积极探究某种事物的心理倾向。职业兴趣是一个人探究某种职业或者从事某种职业活动所表现出来的特殊个性倾向，它是个人对某种职业给予优先的注意，具有向往的情感。兴趣是最好的老师，一个人能够从事自己所喜爱的职业，是很幸福的一件事情。职业兴趣深深影响着一个人的职业活动。

1. 职业兴趣影响个人的职业选择

选择职业的时候，每个人都会受到职业兴趣的影响。小时候，当别人问道"你长大以后要做什么啊？"你的态度往往很坚定："我要当医生！"那时候，你对医生这个职业不了解，但你至少有兴趣；长大读书了，可能会选择读医学相关专业并且付出很大的努力。工作以后，你的兴趣与个人的奋斗目标相结合，最后成为志趣，获得职业成功，从而感受到强烈的职业乐趣。

2. 职业兴趣提高职业者的工作效率

职业兴趣可以使人的智力和技能得到充分发挥，而且能够激发人的潜能，使人在职业活动中情绪高涨、大胆探索、富有创造性，进而提高工作效率。

有研究表明，一个人如果从事自己感兴趣的工作，能发挥其全部才能的 80% ~ 90%，并且能长时间保持高效率的工作状态而不感到疲倦；相反，如果从事不感兴趣的工作，则只能发挥个人才能的 20% ~ 30%，不但效率难以提高，而且很容易感到厌倦、疲劳，甚至出现职业倦怠心理。

3. 职业兴趣成就个人职业的发展

职业兴趣与职业成就之间有着不可分割的关系。美国心理学家斯特朗认为："职业能力与职业兴趣的关系恰似摩托艇的发动机与驾驶员的关系。发动机相当于能力，它决定摩托艇的速度；驾驶员则相当于兴趣，它决定摩托艇的方向；摩托艇前进的距离便是成就，这种成就的大小取决于发动机与驾驶员的综合作用。"

不同的职业需要不同的职业兴趣，每个人需要认真分析自己的职业个性，最终找到自己的兴趣所在，实现个人的社会价值。

（二）培养职业兴趣

1. 培养广泛的兴趣

一个具有广泛兴趣的人，往往比较自信，眼界开阔，面临职业选择的时候，所受到的限制往往比较少。一个具有多方面职业兴趣的人需要转换工作岗位时，能够很快地进入新角色，适应新环境，胜任新工作。鲁迅先生所学专业是医学，但当看到国人受到欺压仍麻木不仁时，他弃医从文，成为我国现代文学巨匠。鲁迅先生成功转行，跟他从小喜欢文学、哲学等人文科学是分不开的。

2. 努力形成核心的兴趣

多方面的能力往往是在培养多方面的兴趣，多参与、多实践的基础上逐步形成的。兴趣广泛固然很好，但如果一味追求广泛，凡事蜻蜓点水，没有核心，便显得浮躁，很不踏实。因此应在培养广泛兴趣的基础上，逐步形成核心的兴趣。保证学有所长，形成自己的发展方向，拥有自己的专业知识和专业技能。

3. 保持稳定的职业兴趣

形成核心的兴趣以后，还应该促使自己保持这种兴趣，千万不要朝三暮四、见异思迁。对工作总是抱着三分钟的热度。常言道"干一行，爱一行"。坚持个人的选择，为自己的选择负责任，努力承受工作中的苦和累，勇于面对那些自己不感兴趣的方面，是成就事业的必要因素。保持稳定的兴趣，有利于我们专注自己的本职工作，发挥自身潜能，最终实现个人职业上的成功。

4. 培养切实的职业兴趣

职业兴趣是完全可以培养的。如果有了自己的职业兴趣，就应该努力让这种兴趣得到持续发展。如果由于自己的兴趣有限，或者由于各种主观、客观方面的原因，致使无法如愿以偿地从事自己理想的职业，那也不应该自怨自艾、自暴自弃，致使自己一生无所获。可以通过多种途径和方法，发展和培养对所从事职业的兴趣，促使这种兴趣发展成志趣，最终挖掘出自身的内在动力，实现个人职业的成功。

单元 2　职业理想

人类生活离不开理想。理想是事业的灯塔，指引着人们前进的道路，使人们有了明确的奋斗目标和方向；理想是前进的动力，促使着人们不断努力奋斗；理想是人生的精神支柱，支撑着人们在任何困难面前都充满必胜的信心和勇气；理想使人生道德得到升华，使人心胸宽广，目光远大。职业理想是理想在职业人生中的体现。在了解自己的能力、兴趣、个性，对自己进行基本的职业定位的基础上，对自己的职业生涯进行理性思考，制定职业生涯规划，为职业生涯作素质、能力准备，并通过不断努力，实现人生价值。

一、职业理想的含义

职业理想是指人们对未来职业中所要取得何种成就、对社会做出哪些贡献的向往和追求。它包括对职业的认识、态度和职业选择，例如有的人想当教师、工程师、科学家、医生、职业军人、政府公务员、高技能人才或掌握了现代科技技术的新式农民等。一个理想的职业不仅是人们谋生的手段，而且能更好地发挥人的聪明才智，在实现为人民服务、奉献社会的同时，也实现了个人的人生价值。在科学技术日新月异的今天，新职业不断产生，落后于先进的生产方式的职业不断被淘汰。要想选择好职业，就要不断学习，除了不断提高自己核心知识技能和核心工作能力之外，还要不断学习，了解政治、军事、科技、经济、生产等方面的发展变化，对未来新职业做出预测。由于职业不同，工作环境不同，对劳动能力的要求不同，劳动报酬会有各种各样的差异，应将自身条件（身体、知识、技能等）和社会的需求紧密结合，这样才能做出正确的职业选择。

职业理想也是一种职业人生的认识和态度。无论从事什么职业，在什么样的岗位上工作，都是在为人民服务，在为建设中国特色社会主义做贡献，只有本着这样的认识和态度，才能够真正实现自身的职业理想。

树立正确的职业理想，才能明确个人奋斗的正确方向，坚定为新时代中国特色社会主义事业奋斗的信念，增强为追求事业成功而战胜困难的力量，最终也有利于正确世界观的形成和人生价值的实现。

二、职业理想的特点

职业理想具有时代性、阶段性、共性与个性的特点。

（一）职业理想的时代性

职业理想具有鲜明的时代性特征。习总书记提出"实现中华民族伟大复兴的中国梦"的目标，"中国梦"实际就是国家的理想、人民的理想，"中国梦"明确提出要实现国家富强、民族振兴、人民幸福，代表了最广大人民群众的理想。人民理想必须依靠每一个中国人的努力来实现，而每一个人的理想又必须和国家的理想、人民的理想紧密联系，和国家的命运紧密联系，因此，每一个中国人都必须坚持走新时代中国特色社会主义的道路，弘扬中国精神，团结起来，在党的领导下凝聚起同心共筑中国梦的磅礴力量，只有这样才能实现中华民族的伟大复兴。

无论我们的职业理想是什么，选择何种职业以实现人生价值，我们的目标都应当同党、国家和人民的奋斗目标联系起来，在实现国家伟大奋斗目标中实现自己的职业理想和职业幸福。这就是当今时代赋予我们的职业理想的显著特色。

（二）职业理想的阶段性

职业理想可分为长远、中期、近期三个阶段。

长远的职业理想可以通过某一具体职业来实现对社会的贡献，实现自我的成功，即无论自己最终选择什么样的职业，都要追求取得事业的成功，都要实现为人民服务的目的，有为社会做出自己应有贡献的愿望和憧憬。长远的职业理想具有相对的稳定性。

近期的职业理想距离现实比较接近，它比较明确而具体，就是必须根据自己的学习情况、掌握知识技能的多少、身体健康状况，即自身条件，结合社会需求对职业做出完全满意或比较满意的选择。近期的职业理想具有不确定性和紧密结合现实的特点，根据这一特点，随着主客观条件的不断变化调整或改变以往选择的职业理想。无论怎样改变，以为人民服务为核心、通过工作岗位为社会做贡献并取得自己事业成功的长远职业理想不能改变。

中期的职业理想是一个承上启下的环节，当一个近期的职业理想实现后，可以顺利朝着自己设定的中期职业理想前进，当中期的职业理想实现以后，再向长远的职业理想迈进。

（三）职业理想的共性与个性

1. 职业理想的共性

职业理想要符合时代精神，要以为人民服务为核心，以奉献社会为内容，在自己人生的道路上追求事业的成功，要以理想的职业为实现理想的平台，这些都是职业理想的共同特征。

2. 职业理想具有很强的个性

职业理想是与职业紧密相连的一种理想。职业（工种）的种类繁多。根据 2015年出版的《中华人民共和国职业分类大典》，目前我国有 1481 个职业，并且随着科技进步、社会经济的发展，还会不断淘汰一些老职业，涌现一批新职业。这就给每一个从业者选择职业、设计自己的多彩人生、实现职业理想提供了广阔的空间。同时，人的个体差异，例如身心素质、文化素养、学历、职业技能、思想政治素质和职业道德素质、智力、体力等方面的差别，又会使每一个人必须做出符合自己实际的选择。因此，职业理想具有很强的个性特征。

三、树立职业理想的要求

（一）明确职业理想与理想职业的区别

职业理想是指人们对未来职业和所要取得何种成就、对社会做出哪些贡献的向往和追求，包括对职业的认识、态度和职业选择。而理想职业是能够将个人能力、职业理想与职业岗位结合起来，达到三者的有机统一，即特定主体的理想职业，是实现理想的平台，是依据职业理想，结合个人的具体情况来做出选择的。

（二）个人的职业理想应以为人民服务、奉献社会为最高境界

为人民服务是职业理想的核心，奉献社会是职业理想的主要内容，每一个从业者通过自己的职业生涯，实现为人民服务和奉献社会的目标，这是职业理想的崇高境界。我们应该坚持学习科学文化知识与加强思想道德修养的统一，坚持学习书本知识与投身社会实践的统一，坚持实现自身价值与服务祖国人民的统一，坚持树立远大理想与艰苦奋斗的统一，朝着最高境界努力，才谈得上为实现正确的职业理想而奋斗。

（三）职业理想一定要切合实际

每一个从业人员自身的身体和心理条件不一样，智力和体力也有差别，学习文化知识、掌握技术技能的程度以及学习专业方向不一样，因此树立职业理想必须从自身的实际出发，即符合个人的实际，这样对自己的职业理想的实现才更有利。同时，树立职业理想还要符合社会实际，即使自己的职业理想符合建设中国特色社会主义的实际，符合党和国家当前的就业政策和要求，符合用人单位的迫切需要。只有这样，职业理想才不会变成幻想和空想，才能找到实现职业理想的职业岗位，搭建起可以实现职业理想的平台。

（四）职业理想必须通过艰苦奋斗去实现

如果说现实是此岸，职业理想是彼岸，那么艰苦奋斗就是到达彼岸的桥梁。正如

习总书记在党的十九大报告中指出的，中华民族的伟大复兴，绝不是轻轻松松、敲锣打鼓就能实现。全党必须准备付出更为艰巨、更为艰苦的努力。实现国家的奋斗目标是如此，实现个人的职业理想也是如此，职业理想是解决人生奋斗的方向、信念问题，但是职业理想的实现只有靠立足现实，努力实践。在实践的道路上必然充满着荆棘和坎坷，任何贪图享乐、消极懈怠、回避矛盾的行为都是错误的，为职业理想而奋斗需要做出艰苦的努力，甚至需要付出毕生的精力。

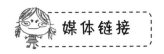

握稳闸把，为梦想风雨兼程

熟练操纵 5 种型号机车，摸索出"三段控速操纵法""防错漏输操作法"，练就"一把闸"零误差对标停车的绝活，被破格免试聘任为工人技师，1 年后又获得高级技师资格，入路 8 年，一步步成长为货运机车副司机、货运机车司机、指导司机，多次担任技术大赛教练……他就是沈阳局集团公司苏家屯机务段长春北运用车间指导司机王裔。

王裔，曾获全国五一劳动奖章、火车头奖章以及中国国家铁路集团有限公司"铁路工匠"、技术状元、青年岗位能手等荣誉称号。

1. 学　艺

"得知自己被分到了机务段，将来能当火车司机，我高兴得一宿都没睡着觉。"回想起 2008 年的那一天，王裔的脸上写满了幸福。

理想不是说说就能实现的。王裔深知，干铁路过不了技术这一关必然是寸步难行，他发誓要把自己的铁路梦付诸学技练功的实践中去。

有志者事竟成。上班一年后，王裔就记了 10 万多字的学习笔记，绘制了近百份电路图，《铁路技术管理规程》《铁路行业组织规则》等都记得一字不差，沿线 300 多架通过信号机、近万个坡道和曲线特点烂熟于心，被誉为"活规章""活地图"。

2012 年，王裔顺利成为同期入路退役军人中的第一批副司机，第二年又如愿以偿地考上了司机，成为大家眼中名副其实的"大工匠"。他归纳了"四个一"学习法，即每次乘务都用心把师傅讲解的业务知识写一遍、把常见的故障处理方法记一遍、把行车规章与实际应用对一遍、在睡前用脑把线路纵断面信息过一遍。

2. 攻　坚

每次出乘，王裔都随身带着一个小本子，把牵引总重、机车型号等数据一个不落地记下来，退乘后主动到车间查看监控文件和录像资料，回到家一头扎进书房分析比对每一个参数值、变化量对下闸的实际影响。

2015 年在全路机务系统职业技能竞赛上，他操纵六千吨货物列车全程运行无冲动，实现了两次对标停车、四次中途测速"零误差"，一举获得全路技术状元称号。

大赛评委评价他对标停车的操纵技术是"为全路机车乘务员立了一把全新的标尺"。

心有多大，舞台就有多宽。为解决列车冒进、超速、运缓、区停等问题，他总结了机车操纵规律，摸索提炼出"三段控速操纵法""防错漏输操作法"和"一彻底、七提示工作法"，在苏家屯机务段得到了推广运用，提升了标准化作业水平。

2017 年，他全程参与京哈线重载货物列车提速 90 千米牵引试验，独立编写了货物列车牵引操纵办法和运行标尺，为提速提供了可靠的技术安全保障。

3. 传　道

2015 年，王裔在全路机务系统职业技能竞赛夺冠的消息一传十、十传百，不少人打电话向他请教技术问题。每次他都毫无保留地讲、耐心细致地教。

有人说他傻，可他却说："我从一名普通士兵退役来到铁路，能取得今天的成绩，都是组织的培养，我有责任把所学教给需要的人。"

当上指导司机后，他把指导队的 25 个机班全部添乘了一遍，把一个月内的监控文件和录音录像资料全部分析了一遍，并为每个人建立了技术档案，制定了补强培训措施。

对于所辖指导队以外的机车乘务员，王裔也是有求必应、耐心传授。近年来，王裔多次在全路技术大赛、沈阳局局集团公司比武大赛担任教练，现已带出全路技术状元 1 名、标兵 3 名，沈阳局集团公司技术状元 4 名、标兵 10 名。

四、职业生涯规划与管理

（一）职业生涯规划的概念

美国生涯理论专家萨珀（Super）认为，生涯是个人终其一生所扮演角色的整个过程，生涯的发展是以人为中心的，只有个人在寻求它的时候，它才存在。职业生涯规划是指个人发展与组织发展相结合，通过对职业生涯的主客观因素分析、总结和测定，确定一个人的奋斗目标，并为实现这一奋斗目标而预先进行的过程，这个过程包括制订相应的工作计划以及每一时段发展方向、顺序。

（二）职业生涯规划的作用

职业生涯规划的作用在于帮助人们树立明确的目标，运用科学的方法、切实可行的措施，发挥个人的专长，开发自身的潜能，克服生涯发展困阻，避免人生陷阱，不断修正前进的方向，最后获得事业的成功。理想与目标是事业成功的先决条件，而科学的生涯规划是实现理想与目标的重要手段之一。每个人都是自己人生事业的规划者、设计师，同时也是耕耘者。

职工职业生涯规划的重要内容之一，是对个人进行分析。通过分析认识自己，了解自己，评估自己的能力，评价自己的智能，确认自己的性格，判断自己的情绪，找出自己的特点，明确自己的优势，衡量自己的差距，以此来开发自己、改变自己、塑造自己，跨越自己的障碍，成功地把握自己，使自己的才能得到充分发挥。通过职业生涯规划，可选择适合自己发展的职业，确定符合自己兴趣与特长的生涯路线。正确设定自己的人生目标，运用科学的方法，采取有效的行动，化解人生发展中的危机与陷阱，使人生事业发展获得成功，担当起一定的社会角色，实现自己的人生理想。

（三）职业生涯管理

职业生涯管理是指组织和职工个人对职业生涯进行设计规划、执行、评估与反馈的一个综合性的过程。通过职工和组织的共同努力与合作，使每位职工的生涯目标与组织发展目标一致，使职工的发展与组织的发展相吻合。因此职业生涯管理包括两个方面：一是职工的职业生涯自我管理，职工是自己的主人，自我管理是职业生涯成功的关键；二是组织协助职工规划其职业生涯发展，并为职工提供必要的教育、培训、轮岗等发展的机会，促进职工职业目标的实现。

人是无价的资源，是组织中最宝贵的资产，通过职工的职业生涯发展和组织的职业生涯管理活动，使职工发挥其潜能，实现组织的战略目标。在职业生涯管理中，最重要的特征是职工和组织是伙伴关系。通过组织与职工彼此之间的合作、鼓励和支持，营造出信任、和谐、安全、诚恳沟通的环境，最终实现职工个人不断成长、组织不断发展的目的。

复习思考题

1. 什么是职业？职业的意义是什么？
2. 什么是职业化？职业化有哪些作用？
3. 联系自身实际，谈谈如何培养你的职业兴趣？
4. 联系自身实际谈谈自己的职业理想。
5. 根据自身实际设计自己的职业生涯规划。

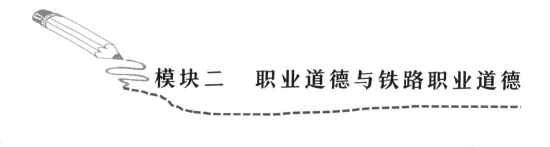

模块二 职业道德与铁路职业道德

了解职业道德的内涵；掌握铁路职业道德的作用；掌握铁路职工职业道德修养。

勇于担当成就"楷模型工人"

没人会想到，一个只有初中学历的普通铁路电力工能代表中国产业工人挑战世界级供电难题；没人会想到，一个从农村走出来的普通孩子能入选"双百"人物，成为社会关注的焦点。然而，他凭借忠诚企业、爱企如家的主人翁精神，孜孜以求、刻苦钻研的进取精神，恪尽职守、精益求精的敬业精神，勇于攻坚、勇攀高峰的创新精神，团结互助、乐于奉献的团队精神，完成了一个个从不可能到可能的伟大壮举，成为时代楷模。他成功入选 100 位新中国成立以来感动中国人物；先后获得中华全国铁路总工会火车头奖章、全国五一劳动奖章、中国首届阳光四海杯"雷锋奖"、第二届全国道德模范提名奖、全国劳动模范、全国优秀共产党员、中华全国总工会"知识型职工标兵"、陕西省十大杰出工人、陕西省"能工巧匠"及西安市"十佳工匠之星""时代领跑者——100 位新中国成立以来最具影响劳动模范"等多项荣誉；享受国务院特殊津贴。

窦铁成，中铁一局集团电务工程有限公司电力工高级技师。先后参与建设了京山铁路、咸铜铁路、京秦铁路、京九铁路、西康铁路、西南铁路、达成铁路、浙赣铁路、东乌铁路、西成高铁等大大小小上百个工程项目。

在京山压煤改线和京秦线之间的沱子头变电所工作期间，他白天干活，晚上把自己关在备用调压器房里，对照专业书籍，一张张图纸、一条条线路、一个个节点地分析解读设备如何安置、电缆怎么走。工程期间，他把加起来一寸半厚的七套各类不同技术图纸全部画了一遍。工程顺利完工后获得了国家优质工程银质奖。

为了学习电力知识及施工技术，在工资不高、生活不宽裕的情况下，他先后花了近万元购买了《高等数学》《电工学》《电磁学》《电子技术》《电机学》《钣金工艺》《钳工技术》《机械制图》等技术书籍，利用工余时间进行自学，向身边的工友、技术人员甚至徒弟请教。40年的工程生涯里，他边学边干，从荒凉的平原到苦寂的沙漠，从广袤的戈壁到险峻的高山，从西康铁路到乌鞘岭隧道，从广东韶关到内蒙古大草原，加起来足足三大箱的书籍与他一起走南闯北。他坚持学中干、干中学，写学习笔记也成了一种习惯，90余本200多万字的学习笔记，密密麻麻记满了他的成长足迹。

参与丰（台）准（格尔）线窑沟隧道的隧道照明工程（隧道照明及架空线路主要组成设备如图2-1所示）过程中，他发现隧道壁打眼施工的脚手架既笨重又费力，就积极钻研，研发出集划线、工作平台、发电机于一体的综合性移动梯车，解决了现场的施工难题，提高功效近5倍。

"只有守住内心的淡泊与宁静，才能在茫茫的人生旅程中欣赏到最美丽的风景。"窦铁成常说："我不仅要做一个螺丝钉，更要做一个力矩扳手，把我身边的所有螺丝钉上紧、上安全！"他平易近人，锲而不舍地在他热爱的岗位上展现着一个大国工匠的情怀和担当。

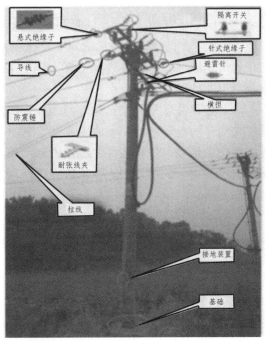

图 2-1　隧道照明及架空线路主要组成设备

单元 1 职业道德概述

道德既是人存在的方式,同时又为人自身的存在提供了某种担保。凡是有人群的地方就有道德问题存在,人们的思想和行为都反映着一定的道德观念和道德水平。

一、职业道德的含义及特征

(一)道德与职业道德

1. 道 德

道德是由社会政治经济关系所决定并符合时代特征的,用善恶标准进行评价的,依靠社会舆论、风俗习惯和内心信念来维系和调节个人与社会之间利益关系的社会意识和行为活动的总和。

2. 职业道德的含义

职业道德是从业者在职业活动中应该遵循的符合自身职业特点的职业行为规范,是人们通过学习与实践养成的优良的职业品质,它涉及从业人员与服务对象、职业与职工、职业与职业之间的关系。职业道德行为规范是根据职业特点确定的,它是指导和评价人们职业行为善恶的准则。每一个职业既有从业者需共同遵守的职业道德基本规范,又有包含自身行业特征的职业道德规范,如教师的有教无类、法官的秉公执法、官员的公正廉洁、商人的诚实守信、工人的质量与安全、医生的救死扶伤等,都反映出自身行业的职业道德特点。

职业道德品质是通过知识学习和社会实践,在社会和职业环境的影响下逐渐养成的,它是将从业者向善发展的职业道德意识、意志、情感、理想、信念、观念(即精神)固化的结果。这种优良的职业道德品质又可以通过从业者的职业活动正确评价、指导自身或他人的职业行为,达到协调人与人之间、职业与职业之间的关系,使之和谐健康发展。

(二)职业道德的特征

职业道德主要有以下七个方面的特征。

1. 职业性

职业道德必须通过从业者在职业活动中体现。职业道德主要体现在从事工作的人群中。有职业活动,就会有职业道德。

2. 普遍性

职业道德的普遍性首先是由其职业性决定的。从事职业的人群众多，范围广大，这就决定了职业道德必然带有普遍性。职业道德有其从业者必须共同遵守的基本行为规范。中共中央印发的《公民道德建设实施纲要》明确提出，"爱岗敬业、诚实守信、办事公道、服务群众、奉献社会"是从业人员职业道德规范的主要内容，要求所有从业者共同遵守。其次，职业道德的普遍性也表现在每一个职业都有明确的职业纪律和规章，它要求每一个从业者都必须在法律规定的范围之内从事工作。因此，遵纪守法也是从业者应该共同执行的职业道德行为规范。再次，职业道德的普遍性还表现在全世界所有的从业者都有共同遵守的职业道德规范，例如，医疗行业体现的人道主义、救死扶伤、对医术精益求精、对工作极端负责的精神。爱岗敬业、忠于职守、诚实守信、团队合作、遵守职业纪律、遵守所在国法律、勤俭节约、奉献社会等精神，都具有世界职业道德的特征。

3. 自律性

自律性即职业道德具有自我约束、控制的特征。从业者通过对职业道德的学习和实践，形成良好的职业道德品质以后，又会在工作中产生行为上的条件反射，形成有利于社会、有利于集体的行为高度自觉，这种自觉就是通过职业道德意识、觉悟、良心、意志、信念的自我约束控制来实现的。这也是职业道德与法律、纪律的区别之所在，因为法律、纪律是通过命令或强制的方式来实现对公民的行为约束的，而自我约束控制职业行为的这种自律性乃是职业道德的显著特征。

4. 他律性

他律性即职业道德具有舆论影响的特征。从业人员在职业生涯中，随时都受到所从事职业领域的职业道德舆论的影响。实践证明，创造良好的职业道德社会氛围、行业风气、职业环境，并通过职业道德舆论的宣传、监督，可以有效地促进人们自觉遵守职业道德，实现互相监督。

5. 鲜明的行业性和多样性

职业道德是与社会职业分工紧密联系的，各行各业都有适合自身行业特点的职业道德规范。例如，从事信息安全职业的人员是以确保信息安全为己任为其主要的职业道德规范，教师是以有教无类、为人师表、教书育人的高度示范性为其主要职业道德行为规范，产业工人是以注重产品质量和效益为其主要职业道德行为规范，从事服务业的人员是以热情周到的服务为其主要职业道德行为规范。正因为职业道德具有多行业性，因而表现出形式的多样性。

6. 继承性和相对稳定性

职业道德反映职业关系时往往与社会风俗、民族传统文化相联系，许多职业道德跨越了国界和历史时代作为人类职业精神文明被传承了下来，如"诚信""敬业乐业""互助与协作""公平""勤俭节约"等，这就是它的继承性。从业者通过学习和修养，一经形成良好的职业道德品质，这种"品质"一般就不会轻易改变，它会自觉或不自觉地指导自己的职业行为，并影响他人的职业行为，这就是它的相对稳定性。

7. 很强的实践性

一个从业者的职业道德知识、情感、意志、信念、觉悟、良心、行为规范等都必须通过职业的实践活动，在自己的职业行为中表现出来，并且接受行业职业道德的评价和自我评价，使职业道德形成一个理论与实践的紧密结合体。因此，学习职业道德，是为了更好地践行职业道德。

二、职业道德与社会公德

（一）社会公德的含义

社会公德是全体公民在社会交往和公共生活中应该遵循的行为准则，涵盖了人与人、人与社会、人与自然之间的关系。换句话说，社会公德是建立在社会公共生活基础之上的、人人必须共同遵守的、最起码和最平常的公共生活准则。正如《公民道德建设实施纲要》所提出的：当前和今后一个时期要"在全社会大力倡导'爱国守法、明礼诚信、团结友善、勤俭自强、敬业奉献'的基本道德规范，努力提高公民道德素质，促进人的全面发展，培养一代又一代有理想、有道德、有文化、有纪律的社会主义公民"。

（二）社会公德的主要规范

社会公德的主要规范是：文明礼貌、助人为乐、爱护公物、保护环境、遵纪守法。

1. 文明礼貌

文明礼貌要求人们做到对人礼貌、谈吐文雅和讲究卫生。对人礼貌，如主动打招呼、问好、微笑示意；行走或排队时礼让老人、妇女和儿童；交往时动作和神情应合乎自己的社会身份，自爱自重，同时又不慢怠他人；善意处理他人的失态或轻微的礼仪过失等。谈吐文雅要求在社交语言中准确、干净、简明、和颜悦色地表达自己尊重他人的真情实感。温和而亲切的语言，使人相处愉快和增进理解，召唤起友好合作的情感。文明健康的语言是人有教养的表现，要努力追求和达到"语言美"的境界。讲究卫生，如不随地吐痰，不乱扔纸屑、杂物，穿戴干净等。

2. 助人为乐

助人为乐要求人们在社会公共生活中满怀爱心地去帮助他人，特别是要关心和爱护儿童、妇女、老人和残疾人。在日常生活中像雷锋那样"对同志像春天般的温暖"，要事事、处处为他人着想，特别是当他人遭遇危难和不幸时，能救人之急难，帮人之所需，减轻不幸事件造成的危害。2008 年 5 月 12 日，我国四川汶川发生 8.0 级大地震，我国广大干部和人民群众慷慨解囊，无私援助受灾人民，就充分体现了助人为乐的精神。还有，在发现损害人民利益的不良行为或坏人坏事时挺身而出，援救受害者，打击坏人，这也是助人为乐的应有之义。

3. 爱护公物

公共财物是社会主义事业的"家底"，是广大人民群众共同创造的物质财富，是满足人民群众公众福利事业不可或缺的物质设施。因此，爱护公物，就是爱护社会主义事业，爱护和尊重他人的劳动成果的具体体现。

4. 保护环境

保护环境要求人们有强烈的环境保护意识，珍惜为人类生活提供必要条件的山川河流、森林草原、绿地湿地和野生动植物等大自然的赐予，防止各种工业废物与生活垃圾对水源、空气的污染，在自己家庭生活和公共生活过程中，遵守环境保护的各种法规制度，不图自己方便而造成环境污染。正如党的十九大指出，"人与自然是生命共同体，人类必须尊重自然、顺应自然、保护自然"。保护环境，"还自然以宁静、和谐、美丽"也是贯彻落实中共中央提出的"创新、协调、绿色、开放、共享的发展理念"的具体体现。

5. 遵纪守法

遵纪守法要求我们在社会公共生活的各种场所和环境中都要有法治观念，遵守国家的相关法律法规和各种规章制度与劳动纪律，同时还要遵守公共生活秩序。

（三）社会公德与职业道德的关系

（1）两种道德规范产生的生活领域不同，因而调节人们的利益关系的范围也不同，但它们又是互相影响、互相渗透的。虽然社会公德在人们社会公共生活领域中适用，但是待人接物的文明礼貌、助人为乐、爱护公物与保护环境、遵纪守法等社会公德规范要求在职业活动中也同样适用，而遵守职业纪律这个规范要求比公共道德规范严格得多。

（2）两种道德规范的社会作用是互为基础、互相促进的。社会公德的良好环境和正面效果为职业劳动者从事职业活动提供基础条件，能使人心情愉快地进入劳动场所，开展职业活动；良好的职业道德水平，又能促使公共生活中人们的利益关系得到良好的调节和处理，促进和推动社会公德与社会风尚的好转。

（3）两种道德规范都能在维护群众利益、保持社会稳定方面发挥更大的作用，都是公民个人道德修养和社会文明程度的重要标志。对于公民个人来说，讲究社会公德和遵守职业道德规范是完全一致的。因为不能设想一个人社会公德表现得特别优秀，人人交口称誉，而职业道德风尚却很差；也不能设想一个社会公德很差的人其职业道德却很好。

三、职业道德与个人品德

（一）个人品德的含义与特点

个人品德即个人的道德品质。它的特点是个人在道德行为中所表现出来的较为稳定的道德（善或恶）品质特征，是一定社会的道德原则和规范在个人意识和行为中的体现，因而是个人道德面貌的标志。

（二）个人品德的主要内容

个人品德主要由道德认识、道德知识、道德观念、道德情感、道德意志、道德信念、道德行为、道德修养等因素构成。它的具体内容具有时代性和阶级性。在社会主义时期，主要内容是忠于社会主义事业，全心全意为人民服务，公而忘私，爱祖国，爱人民，爱社会主义，爱劳动，爱科学，坚定，正直，诚实，勇敢，谦虚，作风正派，情操高尚，廉洁自律，等等。

个人道德情感的培养是个人品德修养的重要内容，指人们依据一定的道德标准，对现实的道德关系和自己或他人的道德行为等产生的爱憎好恶等心理体验。个人道德情感培养的任务，一方面是形成和增强同所获得的道德认识相一致的道德情感；另一方面是改变那种与应有道德认识相抵触的道德情感。例如，培养爱心，包括爱祖国，爱人民，爱劳动，对事业和职业的热爱，对服务对象的用心关爱，由此产生了个人的荣誉感；培养憎恶之心，对背叛、违法、违纪、违规、违反道德规范的行为有憎恶之心，由此产生了道德敬畏感、耻辱感、惭愧感。人们有了这些荣辱观、善恶观的道德情绪、情感体验，才会在道德行为中产生慎独、自律。

孔子提倡仁爱之心，作为人要有爱心，要爱人，这个爱人就是要求每个人都有爱心，这种爱人、爱心教育就是情感教育。孔子提出的"仁爱"观是当时社会道德教育的价值观。当今社会主义社会道德情感教育，无论是社会公德、职业道德还是个人品德都占据了很重要的位置，因此要高度重视在个人道德修养过程中的道德情感的培养。

（三）职业道德与个人品德的关系

（1）个人品德包含了个人的职业道德内容，二者是包含和被包含的关系。个人品德要通过职业道德行为来体现。个人品德的形成离不开人的社会生活实践，人在社会、在职场的道德行为所表现的社会公德、职业道德都能体现出个人的品德。例如在职场中艰苦奋斗、清正廉洁、作风正派，也反映了个人品德的高尚。

（2）职业道德的提升要通过个人品德的修养来实现。只有把每个人的品德都培养好、修养好，职场中良好的职业道德才能形成和实现。

职业道德与个人品德是互相影响、互相促进的正相关关系。

四、职业道德与法律

（一）法律的含义及一般特点

同道德规范一样，法律也是一种对人们社会生活行为的规范。它是由国家制定或认可的、体现统治阶级意志并以国家强制力量来保证实施的、要求全社会所有成员共同遵守的行为规则（规范）的总和。由它的含义可以看出，法律具有下面四个主要特征。

第一，制定法律的机关的最高权威性。同其他政治社团的章程、企事业的规章制度不同，所有的法律都是由国家政权的最高机关来制定的。在我国，是在中国共产党的领导下由全国人民代表大会及其常务委员会制定。参与国际活动时国际通行的法律法规也必须经全国人民代表大会及其常务委员会讨论认可后才能在我国实施。

第二，任何时代、任何国家的法律总是体现统治阶级的意志的。在我国，所有的法律法规总是代表广大劳动群众和其他爱国者的根本利益的，表现为维护人民群众利益的最高意志。国家运用和实施法律，对那些反对社会主义制度的各种敌对势力的破坏捣乱、社会成员的刑事犯罪和涉及民事利益的冲突纠纷等社会行为，或实行镇压和专政，或依法进行调解判决，以此来最大限度地保护广大人民群众。

第三，法律的实施保证，靠国家的强制力量——公安、检察机关、法院、军队、警察、监狱等专政手段和工具。这是与其他规范相区别的最重要的本质特征。

第四，法律的约束性是最广泛、最普遍的，要求全社会所有成员一律遵守、一律执行，遵守法律是人人应该做到的，任何人违法或犯罪，都应受到法律的制裁。

（二）职业道德与法律的关系

1. 职业道德与法律紧密联系

这种联系表现在：它们都体现和代表着人民群众的观点、利益与意志；都为社会主义国家的经济基础和上层建筑服务，起到巩固社会主义制度的作用；都具有规范社会行为、调节社会关系、维护社会秩序的作用，在国家治理中都有其地位和功能；在内容上有一些是互相贯通的，即凡是违反法律的社会成员行为，也必然是违反职业道德的。

两者的联系还表现在，法治和德治（含职业道德）互为支撑。德治是法律的基础，法治是道德的保障。法律通过强制力来强化道德作用，确保道德底线，对道德起到促进作用，是道德的支撑。习总书记指出："发挥好法律的规范作用，必须以法治体现道德理念、强化法律对道德建设的促进作用。一方面，道德是法律的基础，只有那些合乎道德、具有深厚道德基础的法律才能为更多人所自觉遵行。另一方面，法律是道德的保障，可以通过强制性规范人们行为、惩罚违法行为来引领道德风尚。要注意把一些基本道德规范转化为法律规范，使法律法规更多体现道德理念和人文关怀，通过法律的强制力来强化道德作用、确保道德底线，推动全社会道德素质提升。"

道德是法治的支撑、是法律的基础，还表现在道德有很强的教化作用，道德可以滋养法律精神。道德可以转化为每一个人的内心自觉。习总书记还指出："发挥好道德的教化作用，必须以道德滋养法治精神、强化道德对法治文化的支撑作用。再多再好的法律，必须转化为人们内心自觉才能真正为人们所遵行。'不知耻者，无所不为'没有道德滋养，法治文化就缺乏源头活水，法律实施就缺乏坚实社会基础。"因此，职业道德与法律在社会作用方面是紧密联系的。

2. 在治理国家方面，"依法治国"与"以德治国"是紧密结合的

法治与德治，从来都是相辅相成、相互促进的，法治离不开德治，德治离不开法治。习总书记指出："法律是成文的道德，道德是内心的法律，法律和道德都具有规范社会行为、维护社会秩序的作用。治理国家、治理社会必须一手抓法治、一手抓德治，既重视发挥法律的规范作用，又重视发挥道德的教化作用，实现法律和道德相辅相成、法治和道德相得益彰。"

单元 2　职业道德的主要范畴

职业道德涉及职业义务、职业权利、职业责任、职业纪律等重要问题，是职业道德在职业活动中不同方面、不同层次的反映和折射，是职业道德的主要范畴。

一、职业义务

（一）职业义务的含义

义务有三层含义：一是指公民或法人按照法律规定应尽的责任；二是指人们在道德方面应尽的责任；三是指不要报酬的奉献。作为与职业道德范畴相关的义务的含义，主要是指在职业活动中，在道德上应尽的责任和不要报酬的奉献。由于义务使人与人之间、人与社会之间有各种各样的密切关系，只要有人群存在，就必然要求人们承担一定的义务。职业义务就是人们所承担的各种义务中的一种。

职业义务是指从业人员在职业活动中对他人、对社会应尽的责任和不要报酬的奉献，它是一定社会、一定阶级、一定职业对从业人员在职业活动中提出的道德要求，又是从业人员对他人、对社会应该承担的道德责任。例如，"救死扶伤，实行革命的人道主义"，在社会主义社会里，既是医疗职业对医生提出的职业道德要求，又是医生对病人应承担的道德责任。

职业义务可分为对他人的职业义务和对社会的职业义务两类。产生于亲友、同事、同行职业关系中个人之间的职业义务，是个人对他人应尽的职业义务；产生于个人与民族、国家等关系中的职业义务是个人对社会应尽的职业义务。

（二）履行职业义务的要求

履行职业义务是每个从业人员义不容辞的责任，忽视或逃避职业义务都是违反职业道德的行为，因此从业人员在履行自己的职业义务时，应从以下三个方面努力。

1. 努力培养自己的职业义务感

职业义务感是从业人员在认识和理解了自己所从事的职业的作用、目的和意义后，自觉建立起来的职业使命、职业信念和责任感的综合心态。有了这种自觉意识的综合心态，就能把职业义务的客观要求变成从业人员的内在需求，把尽职业义务看成分内之事、应尽的职责，履行了职业义务就感到心情舒畅、精神愉快，不履行职业义务就会感到内心不安、自疚难受。就像马克思所说的，"如果你不给自己指定某种使命、某种任务，你就不能生活，不能吃饭，不能睡觉，不能走动，不能做任何事情"。要履行职业义务，首先就要求努力培养自己的职业义务感，提高履行职业义务的自觉意识。

2. 自觉主动地履行职业义务

从某种意义上讲，职业义务是职业岗位对从业人员提出的一种客观要求。也就是说，每个职业岗位对从业人员提出的职业义务要求是不以人的主观意志为转移的，不因为从业人员的性格、兴趣、愿望、要求不同而改变。因此，与其被动适应职业要求，勉强履行职业义务，还不如自觉、主动地履行职业义务，以主人翁的态度对待自己的职业，热爱自己的岗位，搞好自己的工作，在自己的职业岗位上充分发挥主观能动性、积极性和创造性，使自己的言行符合道德原则和道德规范的要求。

3. 全心全意为人民服务

职业义务的无偿性即从业人员"不要报酬的奉献"，这一特点与全心全意为人民服务的宗旨是一致的。在尽职业义务时，要一切从人民的利益出发，为集体、为社会、为国家和人民的利益忘我地工作，不计报酬，甘于奉献。这种奉献意味着在尽职业义务时要做出自我牺牲。这种牺牲有时包括荣誉、地位、金钱、时间、健康。

二、职业权力

（一）职业权力的含义

权力的含义有两层。一是指在政治方面的强制力量，比如说国家的权力、人民代表大会的权力、企业法人的权力等。二是指在职责范围内的支配力量。任何人的工作都有自己的职责范围，在其范围内都有按有关规定支配一定人、财、物的力量。因此，可以说，权力是指一个组织或一个人在政治上具有的强制力量和在职责范围内具有的支配力量。

职业权力是指从业人员在自己的职业范围内或职业活动中拥有的支配人、财、物的力量。职业权力不只是有领导权的人才有，而是有职业的从业人员，哪怕是最基层最普通的人员，都有相应的职业权力。例如，交通警察在交通岗位，有指挥来往车辆行驶与否的权力，有对违反交通规则的驾驶员进行罚款、没收驾照、给予相应处罚等权力；电工有到各岗位进行安全用电检查和设备维护、维修的权力等。

（二）正确行使职业权力的要求

权力与道德，本来是分别属于政治范畴和伦理意识范畴的两种概念，但它们却有着内在的重要联系。权力是由人掌握的，掌握权力的人一旦心不善、身不正、道德败坏，就会滥用权力，危害人民。如果掌握权力的人心善身正、用权于公、造福于民，就会政绩突出，赢得群众好评。

1. 树立正确的职业权力观

由于职业权力具有利己性和隐蔽性特点，如果不树立正确的职业权力观，利用职业权力为自己牟取私利就会变得非常容易。因此，树立正确的职业权力观是正确使用职业权力应首先解决的问题。职业权力表面上看是职业本身赋予从业人员的一种权力，但实质是社会职业分工分配给某个职业、行业的一种权力，理应把这种权力用于工作，用于事业，用于为社会服务。职业权力来源于职业本身，应当用之于职业发展；来源于人民授予，应当服务于人民事业；来源于社会分工职能，应当为社会公益谋利。这是每个从业人员应当树立的正确的职业权力观。

2. 正确使用手中的职业权力

任何个人（从业人员）、单位、行业都有相应的职业权力，应按职业道德要求，使用好手中的权力。作为从业者个人，首先要把职业权力用来干好本职工作，履行好职业义务，不该得的不得，不该拿的不拿，绝不能以权谋私、损公肥私、化公为私；作为一个单位，要把职业权力用来保证产品的质量，维护企业的形象，配合有关单位做好相关的工作，发挥一个单位在社会和国家建设中应有的作用。

3. 敢于抵制滥用职业权力的不正之风

滥用职业权力的某些人、某些单位、某些行业，往往是"你给我提供方便，我就给你打开绿灯"。因此，在职业权力的使用中，应建立一种互相监督、互相制约的机制。在这种机制中，不仅要严于律己，而且还要敢于抵制歪风邪气。正如习总书记在《把权力关进制度的笼子里》指出的那样："要加强对权力运行的制约和监督，把权力关进制度的笼子里，形成不敢腐的惩戒机制、不能腐的防范机制、不易腐的保障机制。"

三、职业责任

（一）职业责任的含义

社会把职业分成了若干种类，每个从业人员都在一定的职业岗位上从事某一项具体工作，通过自己的辛勤劳动为他人或其他职业服务，为社会创造财富。按照职业道德原则和规范要求，每个职业岗位的从业人员，又都对他人或其他职业或社会承担着一定的责任，这种与职业岗位有关的责任，就是职业责任。职业责任，就是指从事某种职业的个人，对他人、集体（班组、部门、单位、行业）和社会所应承担的责任。职业责任是社会义务、使命、任务的具体体现。由于职业分工不同、职业特点不同、职业的作用不同，从业人员承担的职业责任也就有所不同。如工人、农民、教师、医生，这些职业由于在社会分工中所起的作用不同、职业特点不同、完成的任务不同、服务的对象不同，其职业责任也就不一样。例如铁路工人的职业责任主要是坚守生产岗位，维护生产秩序，学习科学文化，钻研业务技术，文明生产，保质保量完成生产任务。

（二）增强职业责任的要求

职业道德和职业责任在人们的职业生活中是相互联系、相互作用的，以什么样的思想、感情、态度、作风、行为来对待本职工作，既是职业责任的问题，也是职业道德的问题。应从以下三个方面来增强职业责任。

1. 认真履行职业责任，做好本职工作

社会上的职业有成千上万种，无论是体力劳动还是脑力劳动，无论是简单工作还是复杂工作，无论是工业生产还是商业服务，都只有分工不同、工作地点不同、贡献大小不同。因此，不管从业者在哪一个行业、哪一个地方、哪一个职业岗位上工作，都一定要安心本职工作，以主人翁的态度对待本职工作，按岗位职责要求，尽心尽力完成本职任务，自觉按职业责任的要求行事，认真履行职业道德义务，做一个有职业责任感的人。

2. 熟悉业务，互相配合

一方面，每个职业岗位的职业责任都与本岗位的具体业务密切相关，不熟悉业务，不懂得本职范围内的专业技术，是难以履行职业责任的；另一方面，每个职业都与相关职业有一定联系，因此每个人的工作都与相关部门（岗位）的有关人员的工作有这样或那样的关系，在履行本岗位职责时，要考虑对相关岗位其他人员履行岗位职责的影响，也要对相关岗位人员帮助自己完成本岗位职责提出相应要求。因此，在履行职业责任时，与相关岗位工作人员要互相配合、互相支持。这既是工作的需要，也是职业道德的要求。

3. 正确处理个人、集体和国家之间的关系

正确处理个人、集体和国家三者之间的关系，这既是增强职业责任感的要求，也是职业道德的要求。在我们国家，个人利益、集体利益和国家利益是根本一致的。从业人员在通过自己的劳动为集体、为国家创造财富的同时，可以根据按劳分配与按生产要素分配的原则，获取自己合理的利益。有了集体利益和国家利益，也就有了个人利益。在必要的时候牺牲个人利益，这种境界既是高尚职业道德的表现，也是强烈职业责任心的表现。

四、职业纪律

（一）职业纪律的含义

人们常说，党有党纪，国有国法，家有家规，厂有厂律。"不以规矩，不能成方圆。"这种由党政机关、企事业单位等组织制定的规章制度，就是人们通常所说的纪律。制定纪律的目的，是维护集体和人民的共同利益，确保大家正常的工作秩序和生产秩序。纪律一经制定，就要求有关成员必须自觉遵守，否则，社会生活和职业行为的秩序就会发生混乱。不言而喻，遵守纪律是道德行为。

职业纪律是由单位或企业等制定的，在特定的职业范围内从事某种职业的人们要共同遵守的行为规章、条文准则。

为了维护正常的生活和工作秩序，确保安全生产，确保产品质量，各行业、各单位、各岗位都要制定自己的行为规则，这些行为规则，对本行业、本单位、本岗位的从业人员来说都是职业纪律。法律、职业纪律和职业道德规范都约束和规范着人们的职业行为。但三者又有区别，法律是由国家制定并强制执行的。纪律是政党、社团组织、机关单位、企业等制定的，并有惩处措施，如记过、经济处罚、开除等，由制定单位执行，与此同时对从业者起到自我教育和自我约束的作用。职业道德规范是由党和政府制定并倡导，或由行业发起的，其主要靠从业者发自内心的自我约束或受到社会舆论的约束和群众的监督。

（二）遵守职业纪律的要求

职业纪律既是职业责任和职业道德的表现，又是职业责任和职业道德的保证。职业道德与职业纪律这种相互依存、密不可分的内在联系，不仅是从业人员在遵守职业纪律时要注意的，也是从业人员在增强职业道德修养时要引起重视的。应当把遵守职业纪律看成是一种职业道德义务，一种职业的责任，一种关爱他人、维护国家和人民公共利益的高尚行为。

职业纪律是把从业人员组织起来，形成统一意志和行动，搞好现代化建设的重要前提和保证。为了实现中华民族的伟大复兴，所有从业人员应从以下三个方面遵守职业纪律。

1. 熟知职业纪律，避免无知违纪

熟知职业纪律是遵守职业纪律的前提条件，也是对从业人员职业道德素质最基本的要求。在违反职业纪律的种种案例中，虽有一部分人是明知故犯的，但确实也有不少人属于无知违纪的情况。因此，从业人员要对本行业、本单位、本岗位有关的职业纪律先熟知和理解，才能减少无知违反职业纪律的情况。

2. 严守职业纪律，不能明知故犯

所有从业人员都应切实按有关规定办事，按职业纪律的要求约束自己的职业行为，做严守职业纪律的模范，严格遵守操作规程和安全生产规程。

3. 自觉遵守职业纪律，养成严于律己的习惯

遵守职业纪律从"强制"到"自觉"，是一个质的飞跃，是从职业道德角度提出的更高层面的要求。按照这一要求，从业者面对职业纪律不是被动地适应，而是主动地遵守；不是被迫地服从，而是自觉地维护。从业者通过长期不间断的主动遵守和自觉维护的过程，养成严于律己的习惯。

单元 3　铁路职业道德

铁路运输通过铁路机车车辆的移动，使旅客、货物发生位移。铁路运输具有运量大、成本低、能耗少、安全正点的巨大优势。

一、铁路行业特征

铁路地域跨越广阔。为了完成运输生产任务，要求车、机、工、电、辆各系统、各部门、各单位和各工种紧密联系、协同动作。铁路具有高度集中、大联动机、半军事化的行业特征。

（一）高度集中

高度集中是由铁路的自然属性所决定的。从自然结构上看，铁路点多线长、纵横交织、连片成网，基层单位和人员流动分散，遍布全国各地，属典型的网络型产业，具有规模型、范围型经济和网络型结构的特性。这一特性决定了铁路只有保持路网功能的完整性和运输组织的统一性，实行一体化的规范运作，才能有效发挥路网的整体功能，维护正常的运输生产秩序，释放和发展运输生产力，保证运力资源的使用达到最高效率，获取最佳效益。

从运输管理上看，在我国四通八达的铁路网上，每天有成千上万的客货列车昼夜不间断地快速运行，运输组织和日常管理极为复杂，必须实行集中统一指挥，按照科学合理的运输组织方案、列车运行图组织全路车务、机务、工务、电务、车辆等生产站段所组成的庞大、复杂的运输生产体系。

从社会职能上看，铁路作为国民经济的大动脉，交通运输体系的骨干，是国家重要的宏观调控工具，必须坚决贯彻落实党中央、国务院关于国民经济发展宏观调控的战略决策和部署，从全国一盘棋的大局出发，服务于我国经济社会发展的总体规划。这就要求铁路职工一定要牢固树立全局观念和整体意识，顾大局、识大体、讲团结、做奉献，始终把国家和人民的利益放在第一位。按照高度集中、统一指挥的原则，坚决做到局部服从整体、小局服从大局。

（二）大联动机

铁路运输企业本身由许多系统、单位和部门组成，运输生产的整个过程是由车、机、工、电、辆、后勤服务等各部门多工种协同动作共同完成的。在这个复杂的系统中，旅客从购票、上车到下车、出站，货物从进站承运到卸车交付，列车从编组、运行到解体，都要经过很多道工序和作业过程，每一名铁路职工都是整个运输生产过程中的重要一环，肩负着保证运输安全畅通、提供良好服务的光荣使命。由于铁路是在广阔的空间、长距离的运行中连续进行动态作业的，特别是列车运行速度越来越快、载重量越来越大、车流密度越来越高，要保证这架大联动机正常运转、运输生产安全有序，就必须要求各个部分、各个环节协调一致，密切配合，互相支持。要求每一名职工、每一项作业在时间、空间和秩序上和谐统一，按照运输组织方案和列车运行图的要求，严格执行标准化作业，准确、准时地完成各自的工作。任何一个系统、部门、岗位各自为政或者稍有疏忽，都有可能造成"一处不通影响一线，一线不通影响一片"的严重后果，使整个铁路陷于瘫痪。因此，铁路由于大联动机的特点，客观上要求必须实行集中统一指挥，各系统、各部门、各工种之间，一定要联劳协作、环环相扣。

（三）半军事化

我国铁路有着深厚的军队情结。"严字当头，铁的纪律"，是铁路管理的一大特色，也是运输安全有序的重要保证。铁路正是靠严格的组织纪律、统一的意识和行动，才能做到高度集中、统一指挥，以保证大联动机的正常运转，保证运输生产安全。铁路的半军事化管理，更多地集中在调度指挥和行车组织等运输生产部门。铁路大联动机和全路一盘棋的特点，决定了铁路各部门必须强调高度的组织纪律性。任何一个岗位的职工不遵守纪律、各行其是，都会给运输全局工作带来严重影响和损失。强调高度的组织纪律性，体现在作业上，就是必须严格执行规章制度，标准化作业，一点不差、差一点不行；体现在各部门配合上，就是必须从全局出发，坚决服从集中统一指挥，相互支持，密切合作，不能各自为政，更不能制造障碍，影响全局利益；体现在上下级关系上，也要像军队一样，服从命令，听从指挥，有令则行，有禁则止。每名职工必须坚守岗位、恪尽职守、遵章守纪，确保铁路运输大动脉的安全畅通。

二、铁路职业道德的内涵和特征

（一）铁路职业道德的内涵

铁路职业道德是社会主义社会对铁路提出的行业道德要求，是铁路职工在铁路运输生产活动和与此有关的工作中应该遵守的行为规范的总和。铁路职业道德是基于铁路行业特征而对铁路从业人员提出的职业要求，是调整铁路职工在职业活动中的行为以及所遇到的各种利益关系的重要手段。

铁路职业道德，包括根本宗旨、基本规范、具体工作岗位的职业道德三个层面的内容。"人民铁路为人民"是铁路的根本宗旨。

（二）铁路职业道德的特征

铁路生产以及铁路职业活动的特点，决定了铁路职业道德具有自身独具的特征。

1. 铁路职业道德包含服务性行业和工业企业的特定要求

铁路职业道德既包含服务性行业的要求，又包含工业企业的特定要求。铁路运输服务于旅客、货主，要把尊客爱货、优质服务作为基本的职业道德规范。旅客、货主买了车票、托运了货物，就同铁路企业构成了一种合同关系，理应得到热情周到的服务。铁路职工要注重保护消费者的合法权益。同其他服务性行业相比，铁路的客货运输服务有其特殊性，即铁路职工要在一定时间内为一个特定的群体——旅客、货主群体服务。旅客、货主群体中个体情况差异较大，需求多种多样，这就要求铁路职工不仅要熟练掌握职业知识和技能，更要具备良好的职业道德素质，为旅客、货主提供差异化、高质量的服务。

同时，铁路行业又具有工业企业的特征，工业企业的一些职业道德规范也适用于铁路，如讲究质量、注重信誉也是铁路部门的基本职业道德要求。铁路职业道德是包括铁路所有部门和工种职业道德的内涵丰富的体系。

2. 铁路职业道德与铁路职业纪律密不可分

铁路企业是半军事化的企业，铁路运输生产活动的特点决定了必须以铁的纪律和严格的规章制度来维护正常的生产秩序。铁路职业道德的许多要求，往往是通过各种规章制度表现出来的，具有法规的性质和强制性的特点。同时许多带有强制性的纪律要求，由于长时间的贯彻和执行，已经内化为职工的内心信念，并外化为自觉自愿的行动，使遵守职业纪律本身成为一种道德行为，良好的职业道德又为职工自觉遵守职业纪律提供了有效的思想保证和舆论支持。

3. 铁路职业道德的影响范围非常广泛

铁路职业道德的状况对内直接关系到能否形成良好的路风，对外直接影响到整个社会的精神风貌。铁路纵横全国，旅客南来北往，货物四通八达，直接面向人民群众，同社会有着十分广泛的联系，是社会关注的焦点。社会各界特别是媒体对铁路一直十分重视，以各种方式对铁路职业道德的状况进行监督和评价。

三、铁路职业道德的地位和作用

铁路职业道德的内涵和特征决定了它在铁路运输服务和铁路建设发展中占有十分重要的地位，对于调整职业活动中的各种关系具有不可忽视的作用。

（一）铁路职业道德的地位

在铁路的精神文明和物质文明建设中，铁路职业道德居于十分重要的地位。

1. 铁路职业道德是保持铁路竞争力的重要保证

铁路职业道德是维护铁路运输安全生产、提高铁路经济效益、保持铁路竞争力的重要保证。铁路运输生产同一般企业的生产活动有着明显不同，它具有流动性、分散性等特点，许多工作往往是在职工单独作业的情况下完成的，因此，保证运输安全和运输生产的有序进行，发挥职业道德的"自律"作用就显得十分突出、十分重要。同时，良好的职业道德也有助于铁路竞争实力的增强，有助于提高其自身的经济效益。

2. 铁路职业道德是铁路精神文明建设的重要方面

社会主义精神文明建设的根本目的，是培养造就有理想、有道德、有文化、有纪律的社会主义新人。在铁路职业生活领域，则要求每个铁路职工都树立崇高的职业理想，培养良好的职业道德，掌握过硬的职业技能，遵守严格的职业纪律。只有在铁路职工中加强职业道德教育，才能使职工明辨是非，养成良好的道德习惯，正确选择有价值的道德行为。由于铁路运输同社会有着广泛的联系，铁路职业道德状况的好坏，必将影响到整个社会的精神风貌，因而也有人把铁路路风视为社会风气的晴雨表。

3. 铁路职业道德培养是铁路企业文化建设的重要内容

企业文化建设的目的包括两个方面：一是促进企业的发展，二是促进人的发展。铁路职业道德的培养对于铁路企业文化建设的重要意义在于：一方面通过职业道德教育强化职工对工作认真负责的职业责任感和职业荣誉感，使职工牢固树立爱路如家、忠于职守、顾全大局等职业道德观念，这种精神能量的不断释放，可以为铁路的建设和发展提供强大的精神动力与有力的思想保证；另一方面，铁路企业文化建设不仅体现在生产过程中，也体现在人的完善和发展上。树立全新的"以人为本"的现代观念，充分发挥职工在企业经营管理中的作用，将企业的发展同社会的发展和人的发展结合起来。为此，铁路企业不仅应该为职工提供工作的场所，更重要的是提供一个能够促进职工自我道德完善和人格全面发展的良好的道德环境。铁路职业道德正是由于从各方面影响和制约着铁路企业的建设与职工的全面发展，才成为铁路企业文化建设的一个核心内容。

（二）铁路职业道德的作用

职业道德本身所具有的职能决定了铁路职业道德在铁路道德体系建设中的重要作用。

1. 铁路职业道德具有调节作用

职业道德具有通过各种规范和准则来指导人们的职业行为、调节人们之间关系的能力。铁路职业道德具有特定的原则和具体岗位的道德要求，用以调节铁路职工在职业活动中的行为以及所遇到的各种利益关系。一方面，调节铁路行业内部的各种利益关系；另一方面，调节铁路与国家以及其他行业之间，铁路职工与旅客、货主之间的利益关系。

2. 铁路职业道德具有教育作用

一个人一生中大部分时间都在从事一定的职业活动，因而职业道德教育就构成人们形成良好的道德品质和道德行为习惯的必要环节。对于铁路职工而言，可以通过职业道德教育，提高他们对"人民铁路为人民"这一宗旨以及一些具体规范和要求的认识，树立崇高的职业理想和职业信念，从而全面提高铁路职工的思想道德素质，培育一支能够适应社会主义现代化建设以及铁路改革发展需要的职工队伍。

3. 铁路职业道德具有激励作用

从事一定职业的人们总要自觉或不自觉地依据一定的道德原则和规范对自己或他人在职业活动中的具体行为进行评价。通过这种评价，明确判断是非善恶的标准，树立道德榜样，形成一股强大的社会舆论，以激励和促进铁路职工更好地为社会服务。通过这种评价，将铁路职业道德规范转化为铁路职工的内心信念，唤起铁路职工践行铁路职业道德的主动性和自觉性，增强他们的自律意识，使铁路职工能够自觉抵制拜金主义、享乐主义、极端个人主义等各种错误思潮的影响，端正路风，形成良好的职业道德风尚。

四、"人民铁路为人民"是铁路职业道德的根本宗旨

（一）"人民铁路为人民"是铁路建设和发展的根本宗旨

"人民铁路为人民"是铁路职业道德的总纲和精髓，表达了铁路部门的职业道德要求，确立了铁路不同部门道德行为的总方向，并贯穿于铁路所有生产过程的始终，在铁路职业道德体系中处于核心的地位。

（二）"人民铁路为人民"是铁路职工正确的价值观

"人民铁路为人民"是统一协调铁路经济效益和社会效益的根本原则。铁路作为典型的网络型基础产业，通常既具有私人物品的一般特性，如商业性、竞争性、效益性等，同时又在一定程度上呈现出公共物品的一些特点。铁路运输企业在其生产活动中，需要实现国家目标、社会目标和企业目标，会涉及国家利益、社会利益、企业利益和职工个人利益。在调整这些目标和利益关系时，必须坚持"人民铁路为人民"这一根本原则，坚持铁路利益服从国家利益，局部利益服从全局利益，个人利益服从集体利益。

（三）"人民铁路为人民"是铁路职工职业道德实践的行动指南

在社会主义条件下，人与人之间是一种平等互助的合作关系，铁路部门和其他生产单位之间也是一种平等互助的协作关系。这种关系反映到铁路生产过程中，必然要求铁路职工在其职业活动中，始终以"人民铁路为人民"的宗旨要求和规范自己的职业行为，全心全意为旅客和货主服务，为社会服务。

（四）树立"以服务为宗旨"的理念

贯彻"人民铁路为人民"这个根本宗旨，就要求铁路职工牢固树立"以服务为宗旨，待旅客货主如亲人"的理念。"以服务为宗旨"的理念，明确了铁路"为什么服务"的问题，更加凸显了服务在铁路改革发展进程中的地位和作用；"待旅客货主如亲人"，生动诠释了"以什么样的态度服务"和"提供什么样的服务"的问题，赋予铁路服务人性化的时代内涵。

对铁路职工来说，应把提升服务质量摆在铁路改革发展的重要位置，自觉把满足人民群众需求作为筹划、安排和推进工作的出发点和落脚点，深入研究人民群众的运输服务新需求、新期盼，不断推出适应人民群众服务需求的工作措施。要树立人文情怀，在思想上充分尊重旅客货主，在感情上进一步贴近旅客货主，真情实意地为旅客货主提供优质服务；要端正服务态度，时时刻刻像对待亲人那样善待旅客货主，急旅

客货主之所急，想旅客货主之所想，积极主动地为旅客货主排忧解难，热情周到地做好服务工作；要规范服务行为，自觉落实岗位服务标准，把"规范服务用语、规范服务行为、规范服务程序"的要求体现到每个工作细节。

70年，"人民铁路为人民"初心不变

"人民铁路为人民"是铁路的根本宗旨，是铁路职工的行动指南，是铁路职工急人民之所急，想人民之所想，一切以人民群众评价为准则的庄严承诺；时代在变，但誓言永恒，"人民铁路为人民"的初心和使命永不褪色。

1. "人民铁路为人民"的历史渊源

"人民铁路为人民"的根本宗旨，是在铁路运输生产实践中形成并不断发展的。

早在1948年，东北人民政府在《东北经济建设大纲》中，就明确提出了"铁路为人民服务、为发展国民经济服务"的目标。

1949年毛主席为《人民铁道》报亲笔题写刊名，首任铁道部部长滕代远发表了"建设新的人民铁道"的发刊词。从此，"人民铁道"这四个体现中国铁路社会主义性质的大字，就成为新中国铁路的代名词（如图2-2所示）。

图2-2 "人民铁道"

二十世纪五六十年代，人民铁路因"高度集中、大联动机、半军事化"的特点闻名全国，铁路职工也因纪律严明、令行禁止而被誉为"不穿军装的解放军"。那一时期，铁路涌现出一大批以"人民的好车站"——新民车站为代表的模范群体和先进人物。在这些先进典型的实践引领下，"一心为人民服务"的理念逐渐在铁路职工心中生根发芽（如图2-3所示）。

图 2-3　人民的好车站——新民车站

党的十一届三中全会后，为整顿运输生产秩序，搞好客货服务工作，全路心往一处想、劲往一处使，于 1982 年、1983 年先后两次开展"人民铁路为人民"活动，集中对干部职工进行全心全意为人民服务思想教育，深入开展"假如我是一个旅客、货主""假如旅客是我的亲人""假如运的货物是我自己的"大讨论，广泛征求旅客货主意见，针对性制定工作措施，使职工的服务意识和服务水平显著提升（如图2-4所示）。

图 2-4　1983 年，哈尔滨至齐齐哈尔的列车，躺在担架上的旅客从车窗被送上车
王福春　摄

1983 年，原铁道部针对行车安全和装卸作业中存在的问题，提出了"三上一下两杜绝"要求，并决定创建"三优文明路"，这是对"人民铁路为人民"活动的延续，

有力推动了全路服务质量的提升。之后，在市场经济的大潮中，人民群众对铁路工作的期盼越来越高，对铁路服务的要求也越来越高，铁路职业道德建设随之被提上重要日程。

1995年，原铁道部政治部印发了《人民铁路职业道德基本规范》，提出了"尊客爱货、热情周到，遵章守纪、保证安全，团结协作、顾全大局，注重质量、讲究信誉，艰苦奋斗、勇于奉献，廉洁自律、秉公办事，爱路护路、尽职尽责，率先垂范、当好公仆"等职业道德基本规范以及铁路主要岗位职业道德规范，尤其是明确指出"人民铁路为人民"是铁路职业道德的基本原则，要以"让人民放心，让人民满意"为目标，用"人民铁路为人民"来规范铁路职工的一言一行，使"人民铁路为人民"的优良传统在改革开放的新形势下得到新的传扬。

2."人民铁路为人民"的传承发展

人民的利益高于一切，不论在铁路发展的哪个历史时期，铁路总是紧紧围绕着"人民铁路为人民"这个根本宗旨，把满足人民群众对美好生活的向往作为出发点和落脚点（如图2-5所示）。

图 2-5 "人民铁路为人民"

这一宗旨，规范着铁路职工的价值取向，意味着必须把是否符合人民利益作为评判工作的标准，有利于人民的事情就不遗余力去做，违背人民利益的事情就旗帜鲜明反对；意味着必须聚焦人民群众的新期待新要求，坚持不懈优化服务供给，提升服务品质，不断交出一份份让人民群众满意的答卷。

2011年，为深入贯彻落实中央创先争优活动领导小组《关于在窗口单位和服务行业开展"为民服务创先争优"活动的指导意见》，原铁道部发出在全路客运窗口广泛开展"服务旅客创先争优"活动的通知，号召全路干部职工认真践行"人民铁路为人民"宗旨，自觉把"人民群众满意"的评价标准落实到服务旅客工作全过程，不断优化服务环境，改进服务态度，提高服务质量，更好地适应人民群众对铁路工作的新期待，提高人民群众对铁路工作的满意度。随后，全路掀起了服务旅客、创先争优热潮，铁路职工的精神面貌为之一振，铁路行业的服务水平显著提升。

2013年，中国铁路总公司成立后，铁路主动适应形势发展需求，提出了"以服务为宗旨，待旅客如亲人"的服务理念，赋予铁路服务更加人性化、亲情化的时代内涵，引导铁路职工在思想上、感情上、工作上，像对待亲人一样善待旅客、服务旅客，进一步丰富了"人民铁路为人民"的内涵和外延。

在这一理念的指引下，全路组织开展了"旅客满意、货主满意"主题实践活动，广大干部职工从硬件设施、人文环境等方面入手，争先恐后、创新创优，先后涌现出"微笑天使"孙奇、"时代楷模"158雷锋服务站等一大批服务明星和服务品牌，影响和带动了铁路服务品质的提升。

2016年以来，特别是中国国家铁路集团有限公司挂牌成立以来，铁路深入落实中央要求，认真践行以人民为中心的发展思想，扎实推进供给侧结构性改革，集中力量推行客运提质计划，打造绿色、安全、便捷、舒适、时尚的客运产品，推出网络购票、移动支付、智能导航、刷脸进站、自助订餐、站车Wi-Fi、高铁极速达等特色服务，不断满足个性化、信息化和智能化的出行需求。开展货运增量行动，铁路年货运发送量超30亿吨、换算周转量38 900亿吨公里，为降低社会物流成本、打赢蓝天保卫战贡献了力量。实施复兴号品牌战略，加速构建系列产品体系、技术体系和运营管理体系，在世界上首次实现时速350千米自动驾驶功能。

2018年、2019年春运期间，铁路提出了"平安春运、有序春运、温馨春运，让旅客体验更美好"的春运目标，推出电子客票等一系列便民举措，让"人民铁路为人民"的根本宗旨在新时代有了全新的呈现形式和具体表达（如图2-6所示）。

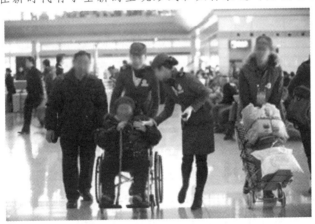

图2-6　服务重点旅客　唐振江　摄

3."人民铁路为人民"的现实意义

培育践行"人民铁路为人民"的根本宗旨，对于铁路职工践行以人民为中心的发展思想，实现交通强国、铁路先行历史使命，具有重大而深远的影响。

（1）新时代坚持"人民铁路为人民"，是践行以人民为中心的发展思想的应有之义。

党的十九大报告指出，中国共产党人的初心和使命就是为中国人民谋幸福，为中华民族谋复兴，强调必须坚持以人民为中心的发展思想，不断促进人的全面发展、全体人民共同富裕。新时代，坚持践行和弘扬"人民铁路为人民"的理念，就是要引导铁路干部职工不忘初心、牢记使命，交通强国、铁路先行，更好地为人民群众服务，这是铁路落实以人民为中心的发展思想的题中应有之意。

（2）新时代坚持"人民铁路为人民"，是推进铁路改革发展和现代化建设的客观要求。

党的十九大开启了全面建设社会主义现代化国家新征程。交通强国，铁路先行。新时代，坚持践行"人民铁路为人民"的理念，必将引领铁路在实现"三个世界领先"和"三个进一步提升"的进程中，不忘人民重托，不负历史使命，切实找准工作定位、强化责任担当，创新工作思路、实现新的发展，使铁路部门擘画的蓝图一步步变成现实。

（3）新时代坚持"人民铁路为人民"，是顺应人民群众新期待的现实需求。

人民对美好生活的向往就是我们的奋斗目标。人民对美好生活的期待值越高，对铁路高质量发展的期盼就越迫切。新时代，坚持践行"人民铁路为人民"的理念，是对人民群众美好出行需求的回应，必将激励干部职工从提升旅客出行体验、满足客户发货需求等方面久久为功，优化供给、优质服务，让人民群众享有更多的获得感和幸福感。

（资料来源：《人民铁道》报社官方公众号）

单元4　铁路职业道德修养

从业人员要搞好道德和职业道德修养，必须与时俱进，深入学习贯彻党的十八大、十九大关于加强思想道德建设的系列论述，学习新时代社会主义核心价值观，即富强、民主、文明、和谐，自由、平等、公正、法治，爱国、敬业、诚信、友善。习总书记在《关于青年要自觉践行社会主义核心价值观》中指出："核心价值观，其实就是一种德，既是个人的德，也是一种大德，就是国家的德、社会的德。国无德不兴，人无德不立。"这是对每一位从业人员加强道德、职业道德修养的总要求。

从业人员的职业道德不是先天就有的，而是在职业活动中不断自我教育、自我磨炼、自我完善而逐渐形成的。职业道德的自我教育、自我磨炼、自我完善也即职业道德的修养。

一、职业道德修养

（一）职业道德修养的含义

1. 修养

修养是指个人在政治、思想、道德品质、知识技能等方面，经过学习和自我锻炼所达到的一定水平，包括政治修养、文学修养、思想品质修养、社会公德修养、职业道德修养等，也可以指达到这一水平的努力过程。

2. 道德修养

道德修养，主要是指个人在道德品质的形成上，在道德意识和道德行为方面，自觉按照一定社会或阶级的道德要求，进行的自我锻炼、自我改造和自我提高等行为活动，以及经过这种努力所形成的相应道德情操和达到的道德境界。人们通常所说的道德修养包括两层意思：一是道德修养的过程，即依照一定的道德原则规范所进行的学习、体验、对照、检查、反省等心理活动和客观的实践活动；二是道德修养的结果，即经过长期的努力后所形成的品质、情操和道德境界。道德修养是社会道德活动的另一种重要形式。一种道德能否真正为社会接受，主要在于它最终是否转化为社会成员自觉的道德修养。

道德修养是一种道德素质方面的自我改造和自我完善，即选择一种道德，有意识地培养与这种道德要求相一致的道德品质和情操，并去掉与这种道德要求相违背的品质和情操。

3. 职业道德修养

职业道德修养，就是根据职业道德原则与规范的要求在职业活动过程中进行自我教育、自我锻炼和自我改造，从而形成良好的职业道德品质、达到期望的职业道德修养境界的过程。

（二）职业道德修养的内容

职业道德修养的内容包括职业道德知识、职业道德规范、职业道德品质和职业道德自育四个方面。

1. 职业道德知识

职业道德知识主要包括职业道德基本理论知识、职业道德范畴、职业道德行为规范等方面的知识。理解和掌握这些基本理论和知识，是进行职业道德修养的基础。

2. 职业道德规范

职业道德规范主要包括四个层面：公民基本道德规范、职业道德主要行为规范和比较具体的职业道德基本行为规范、本行业职业道德规范、所在岗位职业道德规范。

职工是公民，首先应遵守"爱国守法、明礼诚信、团结友善、勤俭自强、敬业奉献"的基本道德规范，公民道德规范既是公民道德要求也是职业道德要求。"爱岗敬业、诚实守信、办事公道、服务群众、奉献社会"20 个字的职业道德行为规范与比较具体的职业道德基本行为规范是对所有从业人员提出的共同要求，因此每个从业人员都应遵守。一个行业的职业道德规范，全行业从业人员都应共同遵守。所在工作岗位的职业道德规范，是最具体的道德规范，应从我做起，从本岗位做起。

3. 职业道德品质

职业道德品质包括职业道德认识、道德情感、道德意志、道德信念、道德行为习惯等方面的内容。在职业活动中人们在职业道德基本理论的指导下按职业道德规范的要求，进行职业道德实践，把职业道德各项规范内化为自觉的道德意识和行为，就形成了职业道德品质。

4. 职业道德自育

职业道德自育包括为达到职业道德的一定境界所进行的自我教育、自我锻炼、自我改造、自我陶冶和自我反省。这是一个动态过程，也是一个长期修炼的过程，需要坚定的意志，持之以恒地修正自己的职业道德行为。这是职业道德修养最有生命力、最重要的内容。

二、铁路职业道德修养

（一）铁路职业道德修养的内涵

铁路职业道德修养是职业道德修养的一个分支。铁路职业道德修养是指铁路职工按照铁路行业的道德原则和道德规范所进行的自我教育和自我改造，以及铁路职工在工作实践中所形成的具有自己职业特色的道德情操和所达到的道德境界。铁路职业道德修养包含铁路职业道德修养的过程和铁路职业道德修养的结果。铁路职业道德修养是一种重要的道德实践活动，是形成道德品质和塑造道德人格的重要途径。

（二）铁路职业道德修养的目的

铁路职业道德修养的目的在于培养铁路职工高尚的道德品质，使其忠实地履行职业道德行为。也就是说，把作为理论、规范形态的外在的铁路职业道德要求，转化为铁路职工内在的意识和信念，使之成为自己道德选择的依据，进而逐步形成良好的行为和习惯，最终让自己成为一个具有高尚职业道德的铁路职工。在职业活动中，面对复杂的现实情况，每个铁路职工都应按照职业道德基本规范和铁路职业道德规范自觉地加强职业道德修养。

（三）铁路职业道德修养的内容

职业道德修养的内容一是从业人员的职业特点、工作性质和社会对本行业岗位的要求；二是从业人员思想素质的起点及自身的优缺点。在铁路建设的新形势下，铁路从业人员的职业道德修养应当包含以下内容。

1. 树立正确的职业理想

职业理想，是个人对职业的向往和追求，具有较强的可能性。是进行职业道德修养的思想基础。树立正确的职业理想，才会有正确的价值观和职业道德修养的自觉性，才能在职业活动中处处做有心人，利用一切机会锻炼自己。

2. 端正职业态度

具有良好的职业道德水平，必然会表现为热爱本职工作，端正职业态度。增强主人翁意识，真正把自己的命运同国家和企业的兴衰、荣辱联系起来，在工作中兢兢业业，尽己所能。因此，铁路从业人员要把端正职业态度作为职业道德修养的重要内容。

3. 精通职业技能

职业技能是做好本职工作的基础，是胜任本职工作的重要条件。铁路职工要把积极学习钻研、不断提高技术业务水平作为职业道德培养的重要内容。铁路是一个科技密集的行业，在铁路技术装备现代化的新阶段，应用于各工种、各岗位的新设备、新技术、新作业流程、新管理方法日新月异、层出不穷，尤其需要一大批高技能人才。全体铁路从业人员要适应新形势的要求，加强对职业技能的学习，全面熟练地掌握职业技能。这既是铁路从业人员促进自身发展、提高素质的需要，更是确保铁路安全、加快企业发展的需要。

4. 明确职业责任

铁路从业人员的职业责任，从宏观上看，就是要确保铁路运输安全，为国家的经济社会发展提供充足的运力支持，为旅客、货主提供优质的服务。从微观上看，铁路各部门、各工种、各岗位都有自己的职业责任：机务部门的员工要保持机车质量良好，安全正点地完成牵引任务；车务部门的员工要安全正点地接发列车；工务、电务部门的员工要保持线路和信号设备良好；车辆部门的员工要及时准确地发现和处理车辆故障；客货运部门的员工要尊客爱货，为旅客、货主提供优质的服务，等等。

5. 遵守职业纪律

职业纪律对从业人员在自己的岗位上必须做什么、不能做什么进行明确的规定，是为确保企业安全顺利运转而制定的行为规范，介于法律和道德之间。一方面，遵守职业纪律依赖于从业人员的自觉性；另一方面，职业纪律对从业人员具有强制力和约束力。从业人员如果违反了职业纪律，除了要受到道德的谴责和舆论的批评外，还要受到纪律的处分。

铁路作为国民经济大动脉，半军事化的行业属性尤为突出，高速度、快节奏，工作流程环环紧扣，稍有疏漏就有可能酿成大祸。这一特征决定了铁路从业人员必须具有更加严格的职业纪律。工作中必须做到局部利益服从全局利益，必须无条件地服从集中统一的调度指挥，必须严格执行规章制度等。铁路从业人员遵守职业纪律既是确保铁路运输安全的要求，也是铁路从业人员职业道德修养的重要内容。

6. 珍惜职业荣誉

职业荣誉一方面是指社会对劳动者履行责任的道德行为的赞扬，另一方面是指劳动者对自己职业活动所具有的社会价值的自我意识。

职业荣誉是分层次的。首先，全体铁路员工长期以来忠实地践行"人民铁路为人民"的宗旨，为推动国民经济发展、满足人民群众需要做出了很大的贡献，赢得了很高的职业荣誉。在社会舆论和人民群众的心目中，铁路是拉动国民经济发展的"先行官"，铁路职工队伍是一支"挑战极限，勇创一流"的产业工人队伍。这些都是铁路行业和全体铁路从业人员的职业荣誉。因此，铁路员工要时刻想着用自己出色的工作为铁路的职业荣誉增光添彩。

其次，许多单位在长期的工作中也会创造很多集体荣誉，有的为社会广泛赞誉，有的受到上级表彰，有的还形成了品牌，如被人们视为时代象征的"毛泽东号"机车等（如图 2-7 所示），这些都是单位和集体的职业荣誉。作为先进单位、先进集体中的一员，铁路职工应当增强集体的职业荣誉感，更应当通过自己的行动，为保持集体的职业荣誉增光添彩。

最后，作为个体的从业人员也有自己的职业荣誉，有的因为工作出色得到领导的好评，有的因为技术精湛受到同事的尊重，有的还被评为先进生产工作者。这些职业荣誉是职工辛勤工作的结晶，是高职业道德水平的标志。珍惜职业荣誉，并把它当作推动自己履行道德义务的巨大精神力量，鼓舞和鞭策自己继续做好工作，去赢得更高的职业荣誉。

图 2-7 "毛泽东号"机车

三、铁路职业道德修养的意义

加强铁路职业道德修养，对铁路职工、对铁路行业、对整个社会的发展都具有重要的现实意义。

（一）是培养铁路职工优秀职业道德品质的重要途径

职业道德修养说到底就是培养从业者良好道德品质的过程。一个人的道德品质不是先天就有的，而是在后天长期实践过程中逐步形成的。一个人的优秀道德品质的形成，要依靠每个人的自我修养，才能将外在的职业道德要求转化为内在的信念，进而将这种信念转化为实际的道德行为，并通过反复认识、反复实践、不断完善，最终形成比较稳固的职业道德情操和职业道德信念，达到较高的职业道德境。实践证明，凡是事业成功的人，都是自觉加强职业道德修养的人。

（二）是铁路企业生存和发展的重要条件

铁路要做到安全优质，就必须有高素质的铁路职工，高素质的铁路职工需要有良好的职业道德来保证。铁路职业道德修养是提高铁路职工职业道德水平的必由之路，是铁路职工成长和进步的重要条件。要使自己成为一个道德高尚的人，关键在于在职业生活中自觉进行职业道德修养，不断提高职业道德水平。职业生活领域中的事业成功者和职业楷模人物，无不是自觉进行职业道德修养的人。铁路职工的职业道德水平越高，工作就越好，竞争力就越强。

（三）是践行社会主义核心价值观的客观要求

铁路职工在社会主义核心价值观的引领下，通过自我修养，把外在的职业道德规范转化为自身内在的精神世界，形成道德自律，并指导自己在从业活动中做出正确的道德选择——爱国、敬业、诚信、友善，成为符合社会期望的优秀铁路职工。从一定意义上来看，铁路职工加强职业道德修养既是践行社会主义核心价值观的客观要求，同时也是践行社会主义核心价值观的具体表现。

四、铁路职业道德修养的方法

加强铁路职业道德修养，可以在借鉴历史上思想家们所提出的各种积极有效的道德修养方法的基础上，结合当今社会发展的需要和人们道德修养的实践经验，采取一些行之有效的方法来进行道德修养。

（一）学习法

重视学习是中华民族自古以来就有的善行。在当今信息化的社会中，树立终身学习的理念对于铁路职工而言是一种必然要求，同时也是提高职业道德修养的基本途径。通过虚心学习、积极思考，辨别善恶、学善戒恶，涵养良好的德行。

学习的内容很广泛。其一，学习书本上的知识。努力学习科学文化知识和专业技能，是做好本职工作的基本条件，同时也有助于加快职业道德修养的进展。认真学习马克思主义理论，在其指导下树立科学的世界观和人生观，科学地理解职业道德规范的重要意义；认真学习伦理知识，分清什么是善什么是恶；认真学习一般文化知识，在读书钻研中使灵魂得到净化；学习业务知识，它是做好本职工作的前提条件。

除了向书本学习之外，还应该向现实生活中的道德榜样和典范学习。身边榜样和典范的事迹往往生动、具体、形象，比书本上的道德知识来得更直接，能帮助铁路职工提高对职业道德的认识，激发他们的职业道德情感，增强他们的职业道德责任心。

（二）内省法

学习和内省是紧密联系的。只学习不内省，学习再多也无益处，难以有品德上的提高。只内省不学习，不能提高道德认识，难以达到最高的道德境界。所以，在修养的过程中除了采用学习的方法外，还应采用省察克治的方法。即在自己内心深处用道德标准检查、反省，以发现和找出自己思想与行为中的不良倾向、不良念头，并加以及时抑制和克服。没有内心省察检讨的过程，也就不可能达到自律的目的，道德修养目标也就随之消失。

铁路职工在职业道德修养过程中应采用内省的修养方法。内省，就要求铁路人首先要有强烈的修身意识和自我提高的愿望，这是内省的内驱力。只有具备了这种主观愿望，铁路职工才会时时处处留意，利用一切机会锻炼和培养自己的职业道德修养。其次，铁路职工要在职业实践中，经常联系思想、工作和生活中的实际进行自我反省、自我解剖，客观地看待自己，勇于正视自己的缺点。只有在日常生活工作中，依据道德要求和规范不断地认识自我、反省自我、改造自我，才能最终完善自我，才能在职业活动中使自己的行为符合社会主义职业道德的原则和规范，成为一名具有良好职业道德素养的铁路人。

（三）慎独法

"慎独"就是在没有外界监督，独自一个人的情况下，坚守自己的道德信念，自觉按照道德要求行事，不因为无人监督而肆意妄为，越是独自一人、没有监督时，越要小心谨慎，不做违反道德的事。慎独既是一种修身方法，也是一种较高的道德境界，实行的是自我监督、自我约束，强调的是高度的自觉性，是对个体道德水平的真正考验。

慎独的前提条件是铁路职工要有坚定的职业道德信念和职业道德良心，要有一种强烈的道德自律精神。

（四）积善法

"积善法"即通过积累善行和美德，使之巩固强化，以逐渐凝结成优良的品德。高尚的道德品质和道德人格，不是一夜之间能够养成的，它需要一个长期积善的过程。只有不弃小善，才能积成大善；只有能积众善，才能有高尚的品德。铁路职工只有在平凡的日常工作生活中，从点点滴滴做起，坚持不懈，才能逐步形成高尚的道德品质，达到道德的理想人格。

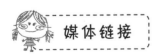 媒体链接

"毛泽东号"机车迎来进京 70 周年纪念日

"希望我们'毛泽东号'机车组的成员坚守报效祖国、服务人民的初心，牢记交

通强国、铁路先行的历史使命，以实际行动为铁路改革发展当好先行。"3 月 27 日，"毛泽东号"第十三任司机长王振强在纪念"毛泽东号"机车进京 70 周年"忆初心 话使命 当先锋"主题座谈会上向班组成员讲道。

3 月 27 日，是这台英雄机车进京 70 周年纪念日。中国铁路北京局集团有限公司丰台机务段"毛泽东号"机车组举办了纪念"毛泽东号"进京 70 周年主题活动，组织机车组成员到中国铁道博物馆东郊馆擦拭"毛泽东号"蒸汽机车、参观机车展室、开展"忆初心 话使命 当先锋"主题座谈会。

"毛泽东号"机车诞生于 1946 年 10 月 30 日。1949 年 3 月，"毛泽东号"机车随解放大军南下入关，落户丰台机务段。

在中国铁道博物馆东郊馆，司机长王振强和机车组成员怀着崇敬的心情，悉心擦拭着 304 号蒸汽机车的车徽。每一次与车徽的触摸，都是一次心灵和精神上的洗礼，激励着新一代"毛泽东号"人不忘初心、砥砺奋进。

座谈会上，机车组最年轻的司机宣杰说："我们年轻人要做到执行标准一点也不含糊，操纵列车一丝不苟，让旅客坐车更平稳、更舒适。"

"毛泽东号"先后跨越蒸汽、内燃、电力 3 个时代，经历 5 次机车换型，13 任司机长和 179 名乘务员在这个英雄的集体中接续奋斗，创造了累计安全走行 1 080 万千米的好成绩，成为全路组建时间最长、涌现劳模最多、安全成绩最好、完成任务量最大的机车组。

在长期运输生产实践中，"毛泽东号"机车组成员总结了"责任心＋责任制＋基本功＝安全"的基本经验，形成了开领袖车、做领军人的核心价值观，塑造了"报效祖国、忠于职守、艰苦奋斗、永当先锋"的精神，现已成为北京局集团公司的企业精神。

图 2-8 "毛泽东号"蒸汽机车

（资料来源：《人民铁道》报社官方公众号）

复习思考题

1. 什么是职业道德?
2. 浅谈在工作中怎样做到为人民服务。
3. 职业道德的主要范畴有哪些?
4. 铁路职业道德的内涵和特征是什么?
5. 联系自身实际谈谈如何坚持"人民铁路为人民"的根本宗旨。
6. 什么是职业道德修养?铁路职业道德修养的意义是什么?
7. 根据自身实际设计自己的职业道德修养方法。

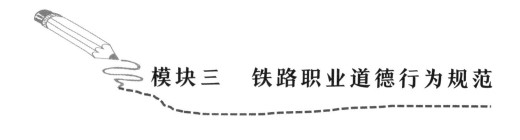

模块三 铁路职业道德行为规范

了解职业道德的内涵；掌握铁路职业道德的作用；掌握铁路职工职业道德修养。

理想信念坚定

干一行、爱一行、钻一行，任新港营业部货运调度员的张通晓，理想信念坚定，工作勤奋好学，练就了过硬的业务技能，2015年参加了全路货运系统职业技能竞赛，获得货运核算员第二名的好成绩。他又先后两次被抽调到国铁集团协助研究、制定、修改货运价格政策，参与起草了零散、批量零散、一口价新管内等多项价格政策文件。2018年，国铁集团推行货票电子化，张通晓所在货运中心作为全路首批试点，他又被推到前沿，先后组织了3次全中心范围的培训，连续数昼夜坚守在工作岗位，并建立货运票据电子化微信群24小时答疑，每日逐车分析，推进问题解决，顺利完成了试点任务。

出色的工作离不开家人的支持，2010年7月份，他的爱人因为乳腺肿瘤住院，由于单位有重要工作，他再三抉择选择了岗位，只在手术当天请了一天假陪伴爱人。2014年1月，爱人的一只眼睛看不清了，经查得了脑垂体瘤，接连的打击考验着他，他再一次选择了岗位为重，每日怀着心疼和愧疚的心情往返于单位和医院之间。非常幸运的是，爱人通过手术恢复了健康。正是家人的深刻理解和坚定支持，激励着他不断冲击更高的舞台。他2015年荣获"全路技术能手"称号，2016年荣获"火车头奖章"，2020年被国铁集团命名为"铁路工匠"，当选铁路"百千万人才"工程专业带头人，被全国铁道团委授予"铁路五四青年奖章"。

通之纵深，晓之精微，始为工匠。浩渺规章，他知用自如；烦琐运价，他算之毫巅，货票升级，他剖决如流……由"心"而"梦"，是二十载初心不改、心无旁骛的潜心躬行。由"工"至"匠"，是无数个日夜熟读精思、孜孜探求的精益求精。你如此精湛的雕琢技艺，正是雕琢你别样精美的独特人生。

图 3-1　铁路货运工作

 相关知识

单元 1　尊客爱货、热情周到

"尊客爱货、热情周到"集中反映了铁路行业服务态度和服务质量的具体要求，直接体现了"人民铁路为人民"的宗旨，是铁路职工应该履行的道德义务。坚持以"尊客爱货、热情周到"这一职业道德要求规范铁路职工的职业行为，必将有利于促进铁路精神文明建设辐射到全社会，有利于形成相互尊重、相互关心、互助友爱的社会道德风尚和社会和谐氛围。

一、尊客爱货、热情周到的基本含义

尊客爱货，指的是铁路职工对自身服务对象的态度和道德情感。也就是说，铁路职工应坚持"人民铁路为人民"的宗旨，树立全心全意为人民服务的观念，自觉履行职业责任，时时注意尊重旅客货主，处处关心旅客货主，及时为旅客货主排忧解难，通过主动积极的服务，让旅客货主切实感受到铁路职工对人民、对社会的满腔热情和责任感。

热情周到，指的是铁路运输服务的优质程度及所达到的效果。它要求铁路职工在从事职业活动时，要通过端庄整洁的仪表、文明礼貌的语言、娴熟完美的技能、细致周到的服务，达到"以人为本，以客为尊"的服务目的和职业道德境界。

1. 尊客爱货、热情周到是铁路行业服务性的客观要求

服务是铁路的本质属性。铁路作为社会服务性行业，不论是为社会各个领域的成员提供旅行生活服务，还是为各类物资的流动提供物流服务，都是满足运输服务需求的具体体现。运输服务需求既包含运输服务的数量要求，也包含运输服务的质量要求，二者缺一不可。铁路作为运输服务的提供者，能否满足旅客货主需求，不仅取决于有没有足够的运力保障，还取决于提供什么样质量的服务。因此，作为铁路职工就应该在职业活动中做到尊客爱货、热情周到，为旅客货主提供优质服务。优质服务是铁路工作的内在要求，也是铁路立足于市场的内在要求，是铁路企业、铁路职工的本职所在。

2. 尊客爱货、热情周到是铁路职业活动的内在需要

人民群众满意是评价铁路工作的根本标尺。铁路是联系民生最紧密、服务群众最直接的行业之一，服务行业的特质决定了铁路工作的优劣得失应当由铁路的服务对象去评判和检验。铁路坚持以改革为动力，大力实施客货运输组织改革，改善了客货运输环境，使铁路服务质量有了进一步提高，受到旅客货主和社会的广泛好评。在经济社会快速发展，人民群众对运输服务质量要求不断提高的新形势下，铁路职工必须与时俱进地改进服务，尊客爱货、热情周到，坚持不懈地追求为旅客货主优质服务，不断满足人民群众对铁路运输服务工作的新期待。

3. 尊客爱货、热情周到反映了铁路行业服务质量的具体要求

优质是铁路职工的职业追求。铁路职工对优质服务的不懈追求，汇聚成为铁路的优良传统。新中国铁路发展的历史，贯穿着铁路人全心全意为人民服务的追求，体现着满足人民群众运输服务需要的努力。在铁路各个时期的工作实践中，优质服务始终是不变的主旋律。在新的历史条件下，铁路职工应继续弘扬优良传统，坚持以尊客爱货、热情周到这一职业道德要求规范职业行为，以高质量的服务满足经济社会发展和人民群众对铁路运输服务的新需求。

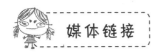

刘晓云：百问不倒，百答不厌！"活字典"是这样炼成的！

　　她身材娇小，却仿佛有无穷的精力，不知疲倦；她言语温柔，却仿佛有特殊的力量，抚慰人心。工作15年来，她用自己的真情实感，为来往旅客送去了温暖和爱，获得了全国劳动模范、全国岗位学雷锋标兵、全国"五一劳动奖章""辽宁好人·时代楷模"、火车头奖章等30余项荣誉。她就是新时代铁路榜样，大连站客运车间客运值班员刘晓云。

　　莎士比亚说："点燃火炬不是为了火炬本身，就像我们的美德应该超过自己照亮别人。"刘晓云为旅客所付出的真情实感，给这句话做了最生动的注解。

1. 百问不倒，源自勤学苦练

　　1972年9月，刘晓云出生在辽宁省辽阳市一个军人家庭。2003年8月，大连站以全国劳模吕玉霜名字命名的"吕玉霜服务台"（如图3-2所示）应运而生。时年31岁的刘晓云怀着一颗激动的心来到了大连站，并加入到了"吕玉霜服务台"这个群体中。

图 3-2 "吕玉霜服务台"工作场景

　　刚刚来到吕玉霜服务台时，刘晓云既兴奋又感觉到莫大的压力。面对旅客连珠炮一般甚至是千奇百怪的提问，师傅吕玉霜面带微笑对答如流，而自己则常回答得磕磕巴巴。在她萌生了想要退出的想法时，吕玉霜的一句话点醒了她："在困难面前，我们不能言败啊！你看，还有那么多旅客在等着我们啊！"

从那天起，刘晓云从最基本的《铁路旅客运输规程》《铁路旅客运输管理规则》《全国铁路示意图》学起。吕玉霜传授给刘晓云的学习秘籍是"好记性不如烂笔头"。为了让客运知识入脑入心，增强记忆力，刘晓云把客运知识分门别类制成一张张小卡片，有空就看，默写背诵，苦心钻研。

她把大部分的休息时间都花在了背诵全国铁路主要干线的停车站、列车到发时间、换乘站和票价上，成了"百问不倒"和"百答不烦"的"活字典"和"活地图"。

根据师傅传授的经验和自身经验的积累，刘晓云总结摸索了一套"六用"服务法，即：巧用礼仪表达、熟用英语对话、通用哑语手势、活用人文地理常识、擅用常见疾病应急处置办法、妙用新媒体服务平台。这些服务方法一经推广，得到了旅客纷纷"点赞"。

2. 百答不厌，源自无限爱心

做好旅客服务工作，不仅需要过硬的业务本领，而且还要急旅客之所急、想旅客之所想，付出真心才能收获旅客的理解和信任。这是刘晓云传授给徒弟的工作诀窍，也是她的行为准则。

刘晓云深知，宽容待客是做好服务工作的基础。所以，旅客遇到困难时，她总是百答不厌、和颜悦色，认真耐心地对待每名旅客提出的问题，尽己所能给他们安慰，帮助他们解决问题。

她手机里存着上百个旅客的手机号码，他们都是刘晓云服务过的重点旅客，大多因身体原因行动不便。

她还将爱心之举从车站延伸至社会，去儿童村探望渴望关爱的孩子，去福利院照顾老人，帮助患有自闭症的儿童体检。

为了掌握更多服务本领，刘晓云利用休班时间向聋哑学校教师请教，熟练掌握了手语；向红十字会专业人员学习，掌握了人工呼吸等急救技能；在熟知大连市景区、宾馆等重要地标的基础上，又一次次坐公交车走遍全市 100 多条街道和沿途住宅小区，成了大连市的"活地图"。所有这些，都为她更好地服务旅客提供了极大帮助。

3. 新任"掌门"，发扬优良传统

2006 年，吕玉霜退休后，刘晓云接过"接力棒"，与 6 名徒弟组成了现在的 7 人服务队伍："计算机大拿"郭兵、"女汉子"刘伟、唯一的男孩纪凯翔等中青年职工已经成了这个服务团队的中坚力量。

谈及这些徒弟，刘晓云的脸上总是写满了骄傲和自豪。纪凯翔是这个服务团队中唯一的一名男性职工，也是唯一的"90 后"，每每遇到急难险重任务的时候，他总是第一个冲上去，保质保量完成。

在刘晓云的带动下，服务台的每个工作人员都充满了干劲。他们自发组建了"刘

晓云服务研讨组"，开展征集旅客意见、看齐先进行业、研讨服务案例、培育客运骨干、共建优质品牌等活动，并先后推出了舒适乘车按摩操、重点旅客服务预约卡、电梯安全语音提示系统升级、服务地图等特色服务。

进入高铁时代，旅客出行呈现新特点和新变化。刘晓云着眼于旅客出行的第一需求，不断丰富服务内涵，创新服务方式，搞好服务工作传帮带。

随着新媒体的普及应用，刘晓云也将服务延伸到网络上，大连站和大连北站同步组织开设了大连站"吕玉霜服务台"微博和"刘晓云服务团队"微信号，提供日常预约、失物招领等服务。

同时，她还申请建立了由200多名经常乘坐火车的重点旅客组成的QQ群，为他们提供进站、乘车、出站等"一条龙"网上预约服务。重点旅客QQ群建立以来，已累计帮助重点旅客700余人。

旅客服务台，看似平凡的岗位，承载的却是将万千旅客充满疑虑的问号拉直变成圆满叹号的期冀。刘晓云用她精湛的业务和无限的爱心，为南来北往的旅客增添了温暖、注入了动力、照亮了旅途。

（资料来源：《人民铁道》报）

二、尊客爱货、热情周到的重要性

1. 尊客爱货、热情周到是"人民铁路为人民"宗旨的体现

"人民铁路为人民"是铁路的宗旨，也是铁路职业道德体系的总纲和精髓。"人民铁路"，反映了我国铁路的社会主义性质，决定了铁路必须把"为人民"摆在一切工作的首位，做到尊客爱货、热情周到，这就要求铁路职工要爱货如己、视旅客如亲人，以实际行动在诚信、诚恳、诚挚上下功夫，在热情、热心、热爱上见效果，着力克服服务中的"生、冷、硬、顶"等不良倾向，改变门难进、脸难看、事难办的不好印象。

2. 尊客爱货、热情周到是奉献优质服务的强大精神力量

尊客爱货、热情周到是激励铁路职工向旅客货主奉献优质服务的强大精神力量。尊客爱货、热情周到体现了铁路职工爱国家、爱人民的光荣传统和高尚情怀。尊客爱货、热情周到的职业道德规范一旦转化为铁路职工的内心信念，必将深刻影响铁路职工职业行为的价值取向，产生强烈的激励作用，促使铁路职工努力提高本职工作的质量。

3. 尊客爱货、热情周到对于形成良好的社会风尚具有重要的影响和促进作用

提倡尊客爱货、热情周到的铁路职业道德规范对于形成良好的社会风尚具有重要的影响和促进作用。在我国社会主义生产关系中，人与人之间是平等互助的同志关系，

每一个劳动者既是服务员，同时又是别的行业劳动者的服务对象。人人都有得到别的行业的从业人员为自己提供优质服务的权利，同时也承担着为他人、为社会提供优质服务的道德义务。因此，铁路职工在职业活动中，应文明礼貌待客，主动积极服务，关心旅客货主利益，想旅客货主所想，急旅客货主所急，这些高尚的职业行为必将对全社会树立起讲究职业道德的新风尚产生强烈的感染和辐射作用。

4. 尊客爱货、热情周到是和谐铁路建设的客观要求

和谐铁路建设的主要目标之一是服务优质。具体来说，就是站车设备完善，充分体现"功能性、系统性、先进性、经济性、文化性"，旅客运输更加安全、经济、快捷、舒适，货物运输更加方便、快捷，行业风气实现根本好转，旅客和货主满意度明显提高。坚持尊客爱货，热情周到，用优质的服务让铁路运输更加和谐。

三、尊客爱货、热情周到的基本要求

1. 树立全心全意为人民服务的理念

铁路行业是社会服务性行业，运输服务工作艰苦繁重，如果没有全心全意为人民服务的思想境界，是难以始终做好服务工作的。在铁路运输过程中，旅客和货主与铁路企业形成了合同关系，有理应受到热情服务的心理预期。同时，为旅客和货主提供优质服务是铁路企业的社会责任。因此，广大铁路职工必须树立全心全意为旅客和货主服务的观念，尊重和满足旅客和货主的正当要求，维护旅客和货主的利益，开展细致、周到、优质的服务。概括地说，就是要做到"尊客爱货、热情周到"。

要把尊客爱货、热情周到的职业道德规范转化为职工的自觉行动，必须牢固树立全心全意为人民服务的观念、苦练服务本领，掌握服务规律，提高服务质量，增强服务效果。

2. 主动热情、优质服务

主动热情指的是铁路职工在接待旅客货主时要有热情的态度和真挚的情感。优质服务，指的是铁路职工所提供的服务的优劣程度以及所达到的效果。我们每一个人在乘车、运货时，都希望铁路职工在工作中，对旅客和货主做到主动热情，提供优质的服务。因此，主动热情、优质服务是铁路职业活动的需要，是与人交往的首要条件。

铁路职工应把努力实现货畅其运、人畅其流，作为铁路优质服务的基本要求。把实现旅客"安全出行、方便出行、温馨出行"作为日常工作目标，推动客运服务上水平；以实现货畅其运为目标，全面深化货运组织改革，努力提高货运服务质量，推动铁路货运更好适应经济社会发展需要。如铁路客运实施电子客票、候补购票、接续换

乘、自主选座、铁路地铁安检互认、空铁联运；铁路货运改革大力发展零散货物快运、集装箱联运、国际铁路联运、特色物流等，扩大铁路集装箱中心站、末端配送等货物集散服务网络，提升运输效率，降低物流成本。切实解决服务旅客货主"最后一公里"的问题。

铁路客货运部门是"窗口单位"，旅客货主可能不了解铁路其他部门的职业活动，他们看到的是直接为他们服务的铁路客货运部门职工的职业活动。铁路客货运部门职工的服务态度和服务效果，常常是旅客货主评价整个铁路职业道德水平的主要依据。因此，对铁路客货运部门的职工来说，从售票到旅客出站，从货物检收交付的全过程、全方位都要做到主动热情、优质服务。

"列车有终点，为旅客服务没有终点。"这集中体现了铁路客运职工助人为乐、延伸服务，为旅客排忧解难的高尚的职业道德情操。

3. 行为端庄、举止文明

铁路企业和每一个职工的职业责任，就是服务于旅客货主。因而，要求铁路职工尊重旅客货主的人格，满足旅客货主乘车运货过程中的愿望和要求，最重要的是做到语言文明，仪表端庄，环境整洁，微笑服务。

（1）语言文明。

服务工作离不开服务者与被服务者之间的人际交往，特别是铁路客货运输，是面对面的服务。这就决定了铁路职工在从事职业活动时的语言、仪表以及对待旅客货主的态度，在服务工作中居于至关重要的地位，对服务工作的效果具有重大的影响。铁路职工在服务工作中应坚持礼貌用语，来有迎声，去有送声，百问不烦，语言亲切，如在铁路客货运服务工作时使用十字文明用语（"请、您好、谢谢、对不起、再见"）；解答问讯时，面向旅客货主站立（售票员、封闭式问讯处工作人员办理业务时除外），应目视旅客货主，有问必答，回答准确，解释耐心。语言文明给旅客货主带来了温馨，融洽了铁路职工与旅客货主的关系，营造了充满友爱和温暖的氛围。

（2）仪表端庄。

仪表端庄实质上是一个人的思想情操、道德品质、文化修养和人格气质的综合反映。举止端庄、统一着装、精神饱满、行为规范，不仅体现了铁路职工对旅客货主的敬重，也反映了铁路的精神风貌，同时，还是维护铁路运输生产正常秩序的需要。

铁路客货运职工仪容仪表的整体要求是仪容整洁，上岗着装统一，干净平整。头发干净整齐、颜色自然，不理奇异发型、不剃光头；男性两侧鬓角不得超过耳垂底部，后部不长于衬衣领，不遮盖眉毛、耳朵，不烫发，不留胡须；女性发不过肩，刘海长不遮眉，短发不短于7厘米。妆容要求是身体外露部位无文身，女性淡妆上岗，保持妆容美观，不浓妆艳抹，不染彩色指甲。服装要求是按岗位换装统一，衣扣拉链整齐。系领带时，衬衣束在裙子或裤子内。外露的皮带为黑色。不歪戴帽子，不挽袖子和卷裤脚，不敞胸露怀。坐姿作业人员可不戴制帽，其他人员执行职务时应戴制帽，帽徽在制帽折沿上方正中。职务标志要求是佩戴职务标志（售票员除外），胸章牌（长方形职务标志）戴于左胸口袋上方正中，下边沿距口袋1厘米处（无口袋的戴于相应位置），包含单位、姓名、职务、工号等内容。臂章佩戴在上衣左袖肩下四指处。

（3）环境整洁。

在客货运输工作十分繁忙的情况下，保持整洁优美的工作环境，对于旅客货主减轻长途旅行的疲劳，保护旅客货主的身心健康，维护铁路的整体形象，展现铁路精神文明风貌，具有十分重要的意义。如果旅客乘车、货主运货的场所脏物遍地，既谈不上对旅客货主的尊重，同时也和工作人员端庄的仪表、文明的语言不协调，难以取得良好的服务效果。

铁路客运站要站容整洁，环境舒适。地面干净无垃圾；玻璃透明无污渍；墙壁无污渍、涂鸦。电梯、扶手、护栏、座椅、台面、危险品检查仪、危险品处置台等处无积尘、污渍。卫生间通风良好，干净无异味，地面无积水，便池无积便、积垢，洗手池清洁无污垢。饮水处地面无积水，饮水机表面清洁无污渍，沥水槽无残渣。站台、天桥、地道等地面无积水、积冰、积雪，股道无杂物。

（4）微笑服务。

服务工作特别重视面部表情，冷若冰霜只会使旅客货主望而生畏，亲切自然的微笑会使人如沐春风。因此，铁路客货运工作人员在服务工作中要坚持微笑服务。做到眼神和蔼有神，亲切自然；微笑时真诚、善意，充满爱心。做到"不站无声岗、不干无声活、不说粗鲁话"。

四、钻研业务，提高服务质量

全心全意为旅客货主服务，要靠扎实的业务知识和熟练的职业技能作基础。钻研业务技术，练好服务本领对于提高铁路运输工作的质量，提升整个铁路行业的职业道德水准，显得尤为重要，理应成为铁路职业道德的内在要求。

1. 刻苦学习文化知识

作为一名铁路职工，如果没有必要的文化科学知识，就难以做好本职工作，甚至不能履行起码的职业责任。作为一名铁路职工，要履行自己的职业责任，达到让人民放心满意的服务标准，必须具备一定的文化知识。

2. 努力提高职业技能

职业道德总是要通过一定的职业技能体现出来的，职业技能是实践和提高职业道德水平的基本保证。作为铁路职工，努力掌握本职工作特有的技术和服务规范，为旅客货主创造一流的服务，这是对本职工作极端负责任的表现，是尊客爱货、热情周到这一铁路职业道德规范的最好体现。

3. 掌握服务规律，增强服务效果

铁路各岗位的工作，各有自身特殊的服务方式和工作规律。要搞好本职工作，增强服务效果，提高职业道德水平，一方面需要刻苦学习专业知识，另一方面也需要在工作中积累经验，掌握规律，把尊客爱货、热情周到的职业道德要求建立在科学理性的基础上，增强服务工作的针对性、有效性。

4. 讲究服务艺术，完善服务方式

有了尊客爱货、热情周到地为旅客货主服务的道德思想动机，还要有完美的表现方式和精湛的服务艺术，否则就达不到应有的效果，甚至事与愿违。

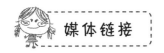 **媒体链接**

为了"天路"货畅其流

一场夜雨之后，2020年7月6日早晨，拉萨城碧空如洗。拉萨西站货场站台上，密密麻麻的货运线整齐排列，各种待卸车辆静静停在钢轨上。7时许，中国铁路青藏集团有限公司拉萨车务段拉萨西站党支部书记张卫东第一个来到货场，像往常一样开始了一天的忙碌。

从1992年走出军营、踏入铁路至今，张卫东在雪域"天路"发出光和热，获得青藏集团公司和拉萨车务段先进个人、优秀党员、优秀党务工作者以及西藏自治区"五一劳动奖章"等荣誉。

1992年底，张卫东告别军营来到格尔木车务段，在戈壁荒漠一步步从扳道员、货运员干到车间主任、党支部书记。在夜以继日的努力下，无论是学徒的定职考试还是技能鉴定、技术比武，他的成绩都稳居全段前三，逐渐成为全段大件货物装卸技术的领头人。

"大件货物装卸不能有丝毫差错，就像部队战士正步训练一样要求细致。"张卫东说。

2005年10月，张卫东参与了第一批通过铁路运输的援藏物资装卸工作。在简陋的拉萨西站货场，看着站台上堆积如山却迟迟无法出场的货物，他陷入焦虑："如果拉萨西站发生货物积压，就会影响到整个青藏铁路的物流进度，要想办法压缩货物在这里的停留时间。"思虑再三，他说服妻子，申请到拉萨西站上班。

2008 年，张卫东担任拉萨西站货运丙班班长。在他的带领下，丙班每日的装卸量一直超过其他两个班组的装卸量总和，至今仍保持着拉萨西站开站以来最多 35 车的日装卸纪录。他总结提炼的货装、调车、货主"三位一体"生产组织法及叉车托盘配合人力装卸方法，将装卸效率提升了 30%。

张卫东的上衣口袋里，装着一个巴掌大小的日记本。专用线到达敞车数量、专用线停放罐车数量等信息，他都一一写在本上、记在心里。

2014 年底，张卫东被破格提拔为拉萨西站货运车间主任。他大胆首推 24 小时服务承诺，为货主们随时提供服务；建起货主微信群，向他们动态发布车皮信息；设计专门的提货证明表格，为货主提供提前提货服务；随时掌握列车运行时刻，提醒货主及早提货。这些措施很快取得了效果，拉萨西站货场货物进出更加顺畅，许多企业纷纷找上铁路寻求合作。目前，拉萨西站已与当地 16 家企业和 50 多家物流公司建立了长期业务关系，货物年发送量由最初的 5.56 万吨增至 55.19 万吨，真正成为藏区物流运输的"领头羊"。

色玛村是拉萨远郊一个半农半牧的藏族村庄，曾是当地有名的贫困村。当货场开始运转时，村民们只是偶尔前来好奇观望。彼此熟稔后，张卫东找到了尼玛和村里几个头脑活泛的年轻人，帮他们牵线搭桥，找来物流经验丰富的几个成都老板，建起了第一个村企"振通物流公司"。短短几个月，他们的生意就风生水起，而货场的货物流转也开始变得顺畅起来。

2020 年农历除夕，新冠肺炎疫情发生。张卫东接到单位的电话，没顾上跟家人吃顿年夜饭，便火急火燎地赶回拉萨。一到车间，他立刻成立疫情防控党员突击队，为货主们量体温、办手续、分发疫情防控宣传册，一待就是 4 个多月。

张卫东说："高原是我的第二故乡，我希望村民兄弟都能享受铁路发展带来的红利。""很多时候，我感到对家人愧疚，但我是共产党员，就得讲奉献。"入路 28 年，弹指一挥间。第一次来到黄沙肆虐的戈壁荒漠时，许多人选择了离开，但 20 岁出头的张卫东毅然决然地选择了留下，理由非常简单——能在高原体现自己的人生价值。他用 28 年如一日的执着坚守，在雪域天路谱写着自己的奉献之歌。

（资料来源：《人民铁道》报）

单元 2　遵章守纪、保证安全

铁路工作要求每个铁路职工要做到遵章守纪、保证安全。安全是铁路运输的永恒主题，是铁路的生命线。在发展社会主义市场经济、建设和谐铁路的新的历史条件下具有重要的道德意义，是我们必须发扬光大的优良传统。

一、遵章守纪、保证安全的基本含义

1. 遵章守纪

遵章守纪，指的是铁路职工在从事职业活动时，始终按照规定的各种行业行为规范一丝不苟地完成生产作业。遵章，实质上就是尊重客观规律，违章则是违背客观规律。铁路运输生产中的法律法规、规章制度是铁路运输生产中客观规律的反映，它既是铁路职工在铁路运输生产实践中经验的结晶，也是铁路运输生产中历次重大事故教训的凝结。守纪，就是要求铁路职工遵守纪律，实行标准化作业。铁路的职业纪律，包括劳动纪律和专业纪律，其中作业纪律又包含作业标准、作业流程等。

2. 保证安全

保证安全，指的是在铁路这部大联动机里，运输生产各部门、各环节要始终处于有序可控、基本稳定的状态。因为安全是铁路运输的永恒主题，是铁路的生命线。安全是铁路职工的首要职责；安全工作是铁路的"饭碗工程"。铁路职工应当以安全为己任，自觉做铁路安全生产的保护神。

遵章守纪、保证安全作为铁路职业道德的重要规范，就是要求铁路职工在从事本职工作时，应从思想到行为上把遵章守纪、保证安全作为自己行为的准则，作为调整和处理企业与社会、职工与企业、职工与职工的利益关系的标准，作为判断企业和职工行为对与错、善与恶、荣与辱的准绳。通过进行遵章守纪、保证安全的铁路职业道德教育，可以使铁路职工理解遵章守纪与保证安全的关系，遵章守纪是保证安全的前提与基础，保证安全是遵章守纪的目的。

二、遵章守纪、保证安全的重要性

1. 坚持"遵章守纪、保证安全"是铁路运输生产的目标和首要任务

铁路是国家综合交通运输体系的重要组成部分，作为大众化交通工具，与人民群众的生产生活息息相关，确保铁路安全，不仅影响铁路自身的形象和发展，还关系党和政府的形象和声誉。铁路安全牵动着千家万户，关系着人民群众生命财产安全和切身利益。加强运输安全工作，是铁路运输生产的首要任务。运输安全是铁路各项工作的前提，安全第一的原则在任何情况下都不能动摇。

铁路对于加快工业化和新型城镇化进程，促进区域协调发展以及建设资源节约型、环境友好型社会，具有不可替代的重要作用，确保铁路安全畅通，关系着经济社会持续健康发展。

2. 坚持"遵章守纪、保证安全"是铁路的生存之本

坚持"遵章守纪,保证安全"的铁路职业道德规范,确保铁路安全,是铁路的生存之本,与铁路职工的利益紧密相关,保安全就是保"饭碗"。铁路管理体制改革使铁路企业走向市场,能否在市场竞争中生存发展,其根本在于能否确保安全。安全决定市场,决定效益。安全不稳,必将打乱运输秩序,影响运输效率,没有市场竞争力,安全作为运输服务最重要的指标,对市场竞争具有决定性影响。只有确保安全,才能提高铁路运输市场的占有率,增强运输市场竞争力。

3. 坚持"遵章守纪、保证安全"是铁路的发展基础

坚持"遵章守纪,保证安全"的铁路职业道德规范,确保铁路安全,是铁路的发展基础。安全是铁路运输的生命线。"安全责任重于泰山",形象地说明了安全对于铁路发展的极端重要性。铁路改革发展包含安全、服务、经营、建设、管理、科技等诸方面的发展,没有安全的发展就不能称之为科学发展,更谈不上全面发展。只有确保安全,才能赢得社会各界和广大人民群众对铁路工作的理解和支持,从而营造有利于铁路发展改革的良好环境。

从自主修建第一条铁路,到全国铁路营业里程 14.14 万千米(截至 2020 年 7 月底);从修建第一条高速铁路,到全国高铁营业里程 3.6 万千米,位居世界第一,中国铁路始终凝心聚力、逐梦奔跑,写下交通强国、铁路先行的时代强音。

三、遵章守纪、保证安全的基本要求

1. 树立安全第一、预防为主的观念

安全第一,就是指铁路职工要把安全工作摆在各项工作的首位,铁路的一切工作都要服从安全工作。预防为主,就是指铁路职工要掌握安全工作的主动权,防患于未然,超前预想,及时发现和科学处理运输生产中不利于安全的潜在因素,防止和避免事故的发生。

安全第一、预防为主是铁路安全生产的指导思想,是铁路工作的永恒主题,是对长期铁路运输生产实践的经验教训的高度概括。安全第一与预防为主是不可分割的,安全第一是预防为主要达到的目标,预防为主是实现安全第一的主要手段和基本途径。树立安全工作无小事的思想,对于事关安全的任何一项工作,都不能轻视、小视、忽视,要牢固树立保安全就是保发展、保安全就是保幸福的责任意识,时刻保持对安全的敬畏感,时刻绷紧安全之弦,时刻把安全放在最高的位置,集中精力、精益求精地做好每一项工作。铁路系统的每一个单位、每一个部门、每一个岗位,都要把与安全相关的工作放在最重要的位置,一项一项地解决好、落实好。第一时间处理、第一时间解决、第一时间消除隐患,绝不允许拖拉延误,更不允许存在任何侥幸心理。

对安全工作的根本态度和思想状况,是影响铁路运输安全的关键因素。安全第一、预防为主的指导思想,规定了安全工作在铁路企业和员工心目中的位置,决定了铁路企业和员工对安全工作的根本态度。从铁路的实际情况来看,影响铁路运输安全的因素包括环境、设备、制度和人,其中环境是安全的条件,设备是安全的基础,制度是安全的保证,人是安全的关键。

2. 认真学习铁路法律法规和规章制度

铁路法律法规和规章制度,是对铁路运输安全客观规律的总结,是铁路运输多年来生产实践经验和教训的总结,是铁路运输安全的制度保障。

第一,要认真学习国家颁布的铁路法律法规。包括全国人大和全国人大常委会颁布的《中华人民共和国安全生产法》《中华人民共和国铁路法》等法律,国务院及其部委颁布的《铁路安全管理条例》等与铁路安全相关的法规。

第二,要认真学习国铁集团、铁路局集团公司以及各单位制订的安全管理规章制度,熟悉、领会、掌握规章制度,具有必备的安全知识,能熟练规章制度方面的"应知应会"。

第三,要加强对技术标准和操作规程的学习。铁路职工必须结合自身的工作实际,掌握本工种、本岗位的技术标准、操作规程,提高技能,强化应急处理能力。随着铁路发展,大量新技术、新设备在铁路中得到运用。因此,铁路职工还必须重视新的技术标准、新的操作规程、新的管理制度的学习。

3. 养成标准化作业的职业习惯

学习铁路法律法规、规章制度以及新规章、新技术标准,必须转化为在岗位上严格遵守规章、按标准作业的职业行为,并将他律转变为自律,把安全变成职工的内在需求,使标准化作业成为一种职业行为方式、职业行为习惯。树立"遵守规章光荣、违章违纪可耻"的良好风尚,做到说标准语、干标准活、交标准岗,不简化作业,不错不漏作业,不离岗串岗,不盲目蛮干。

从铁路运输生产的实践来看,发生事故的原因主要是事故责任人违章违纪。违章违纪往往不是由于不知规章,而是知章不循、有纪不守、有规不依。其原因是对遵守规章制度和安全生产之间的必然联系认识不清楚,未真正把规章制度的约束与自身利益统一起来,没有把对规章制度的认知转化为自身的内在需要,没有将规章制度的约束由他律变成自律。在铁路职业工作中,我们必须防止麻痹思想,怕麻烦、图省事的思想,侥幸心理、功利心理,形式主义和麻木态度等危害安全的思想,对规章制度的反感、抵触情绪等。

良好的安全习惯,要通过高标准、严要求强化习惯养成。安全工作来不得丝毫马虎,对待安全工作必须要有敬畏意识、红线意识,在目标上高一格,在要求上严一扣,使高标准、严要求不仅成为一种工作的态度，更要成为一种习惯。良好的安全习惯，要通过岗位实践强化习惯养成。只有在日常的岗位实践中自觉地规范管理行为和作业行为，坚持执行作业标准，在日复一日的学标、对标、达标中不断校正不良行为，才能最终养成良好的行为习惯。良好的安全习惯要通过约束机制强化习惯养成。要把严格遵守各项规章制度作为铁的纪律，用零容忍的态度和严格的考核措施对待危及安全的行为，使违章违纪行为付出代价，使违章违纪人员受到教育，使安全理念体现于行为，成为铁路职工的良好习惯。

4. 养成一丝不苟的严谨工作作风

人们经常把"安全高于一切""责任重于泰山"并列而言，意味着安全意识与职工的职业责任感息息相关。铁路作为一个大联动机，其规章制度规定了每个工种、每个岗位的作业标准、作业流程、劳动纪律。每个部门、每个工种、每个岗位的标准化作业都是铁路运输安全链的一个环节，只有每个职工都认真履行职责、忠于职守，才能实现安全稳定有序。因此，为了保证铁路运输的安全正点，铁路职工都应树立"安全在我心里，安全在我手中"的意识，具备强烈的职业责任心，自觉为运输安全尽责尽职。

第一，我们要养成一丝不苟的严谨工作作风。铁路职工要做到"在岗一分钟，尽责60秒""坚持岗位一刻不离，按章操作一项不漏，标准用语一字不差，列车运行一丝不苟"，严守规章，一点不差，差一点不行。在长期的工作实践中，在一丝不苟的工作作风方面，各部门各工种都形成了具有自身工作特色的精神风貌。如车务部门的"多想一点，多问一句，多看一眼，多跑一步"；车辆部门的"一车一辆不放过，一丝一毫不凑合，一分一秒不大意，一点一滴讲认真"，走到、敲到、听准、看准；工务部门的施工质量精确到毫米的"毫米标准"，电务部门的"精检细修"；机务部门的"精心操作"等，这些都是一丝不苟的工作作风的具体表现。

第二，刻苦钻研业务，提高业务技能。铁路职工必须钻研业务，提升自己的技术素质，熟练操作相关设备，提高应急处理能力。近年来，铁路现代化水平得到了大幅度提升，铁路职工必须适应铁路快速发展的需要，学习和掌握新技术，熟练操作新设备，确保铁路运输安全的持续稳定。

第三，关注路外安全，主动参与平安铁路建设。从我国铁路目前的实际情况来看，许多的事故来自铁路系统之外，如环境破坏对铁路安全的影响，行人牲畜上道等问题未得到根治。对这些问题，铁路采取了专项整治、综合治理、护路联防、创建示范路段等措施。而且每个铁路职工都应以主人翁的态度，主动对路外群众进行铁路法律法规、安全知识的宣传，减少路外伤亡事故，创造良好的安全环境。

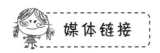

惊！调车员手中的温度计竟然爆表了！

吴家山站作为武汉市办理集装箱、整车业务的较大车站，运输服务涵盖铁水联运、集装箱多式联运、批量快运等各类产品，是湖北省唯一一个中欧班列始发和终到站。

1. 战高温、斗酷暑

在国内疫情阻击战取得阶段性成果后，具有独特优势的中欧班列从重启转为加速，为国外防疫运送医疗物资。吴家山站的作业量也随之增大，加上持续高温天气影响，给室外作业的调车人员带来极大的挑战。

滚烫的热浪在站场上肉眼可见，为了避免作业时被烫伤、划伤和晒伤，连结员们必须裹得严严实实，长袖、长裤、帽子、手套必不可少，身上还得扎着安全带，背着对讲机，外出10分钟衣服湿透是再正常不过的事。

为确保暑期中欧班列安全、正点开行，吴家山站大多将班列的编组、取对位作业安排在开行前一天的上午和夜间两个时间段。一批作业从上午8时开始，持续到中午12点结束接近4个小时。

2. 严标准

2020年8月5日上午，调车长郭铿向3名连结员做着作业前的安全提醒，反复叮嘱着。这批作业，正是在为次日计划开往德国杜伊斯堡的中欧班列（武汉）取送车。

50节车体的中欧班列安全开行前，弯腰检查，探身操作，这些动作调车员要重复上百次，绕车作业一次来回要走2千米，加上每日三次的防溜检查，平均一天下来，10千米的走行距离是家常便饭。

"不管温度再高，检查车辆都不能马虎，走行部位、连结处、装载情况都要一个个确认。"23岁的连结员刘柏文边说边抬头看了下刺眼的太阳，压了压帽檐，又迅速蹲下检查着关闭车情况。参加工作两年的他，已经在炎炎烈日下磨炼出一份坚韧和淡然。

解体、编组，这样重复的工作天天都在吴家山站上演着。虽然酷暑难耐，站场内的调车人员却没有一丝懈怠。正是因为有他们的辛勤付出，中欧班列安全开行才有了保障。

（资料来源：《人民铁道》报）

单元 3　团结协作、顾全大局

团结协作、顾全大局，这是职业行为中应该遵守的基本职业道德。团结、和睦、友好是中华民族悠久历史文化的结晶，是我国的优良传统。"人心齐，泰山移"，揭示了团结的巨大作用。

团结协作、顾全大局，要求铁路职工在职业活动中，一切从全局利益出发，一切服从全局利益，立足本职，紧密配合，通力合作，处处讲大局、事事讲团结，齐心协力，共同完成铁路运输任务。

一、团结协作、顾全大局的基本含义

1. 团结协作

团结协作是指在铁路职业工作中，为了实现共同的利益和目标，各部门、各工种、各职工之间应该互相尊重、互相支持、团结互助、共同发展。

（1）做好本职工作。

只有每个岗位、每道工序的工作质量和安全保证了、工作任务完成好了，铁路运输的生产任务才能完成，运输安全才能实现；一个环节出事故，相关岗位、部门的工作都付诸东流。从这个意义上说，做好本职，亦是顾全大局；履行职责，也是一种协作。

（2）主动配合、相互支持。

主动配合，良性沟通，相互支持，互相连锁，为上下左右的工作创造条件，为其他岗位、工序、部门的安全提供方便、打好基础。铁路运输生产涉及的部门众多，工种繁杂，但若干部门、工种的工作，围绕的是共同的运输目标，彼此分工不分家，是协同作战的兄弟。所以，支持他人，做好"分外事"，换个角度看，也是"分内事"。

2. 顾全大局

顾全大局是指铁路企业活动中，应把国家利益和集体利益、个人利益统一起来，从全局利益出发，立足本职，主动协作，共同完成铁路运输生产任务。

顾全大局可以从四个方面理解。首先，全路的整体利益服从于国家利益、人民利益，铁路企业效益服从社会效益；其次，各铁路局、各站段、各单位的利益服从全路整体利益，服从铁路的整体运输生产力要求，服从统筹安排；再次，在部门利益、单位利益不损害国家人民利益，不违背全路整体利益的前提下，铁路职工的个人利益服从集体利益；最后，在以上述三点为前提下，维护和保证铁路职工个人的合法利益。

综合起来说，就是一切从大局利益出发，一切服从大局，一切为了大局。

团结协作、顾全大局，其实质是以高尚的职业道德处理各种利益关系。铁路是国家基础设施，是公益性设施，它所创造的社会效益大大高于它自身的企业效益。坚持一切服从大局，摆正社会效益与企业效益的关系。企业效益与社会效益从根本上说是一致的。当社会效益与企业效益发生冲突的时候，应当从社会需要和人民的利益出发，坚持社会效益第一。

二、团结协作、顾全大局的重要性

1. 团结协作、顾全大局是由铁路的地位、性质和运输生产的特点决定的

铁路是国家的重要基础设施、国民经济的大动脉和大众化的交通工具。我国经济地理特征和社会经济环境的快速发展，决定了铁路在我国经济社会发展中具有不可替代的重要地位和作用。在我国，铁路运输企业主要是国有企业，国家是铁路最大的投资主体，因而铁路运输企业具有公益性与企业性相统一的性质，这就决定了铁路运输企业有义务和职责为国家利益、人民利益做贡献，创造良好的社会效益。

铁路本身是由车、机、工、电、辆等多部门、多工种、多层次有机构成的一个整体。铁路运输的产品，是旅客和货物的位移。任何一个铁路部门、单位和职工都不可能独立完成铁路运输生产任务。铁路运输这种纵横交织、紧密相连的生产和管理特点，要求全体铁路职工和各个铁路部门，在生产上必须密切合作，协同作业。因此，铁路职工在生产工作中必须既按照精确的分工、严格的要求，尽职尽责地做好本职工作，又要在统一领导下，相互帮助、主动配合、密切合作。实践证明，铁路运输各部门、单位、工种之间，在生产上配合得越密切，协调得越一致，铁路这部大联动机的运转就越精确，整体功能发挥得就越好，其经济效益和社会效益就越高。铁路职工必须充分认识团结协作、顾全大局在铁路运输生产中的客观必然性，积极做好联劳协作。

2. 团结协作、顾全大局是集体主义原则的具体体现

集体主义原则是社会主义道德的基本原则，也是铁路职工处理职业利益关系的基本原则。

铁路作为一个大联动机，它所涉及的利益是多方面的，既有铁路和国家的利益关系，又有铁路和地方的利益关系，也有铁路和企业的利益关系。从铁路内部看，又有不同层次的全局、局部乃至个人的利益关系等。所有这些关系会不断发生矛盾，而这些矛盾就需要我们运用集体主义原则来解决。

集体主义原则落实到铁路部门，就是要求铁路职工在运输生产活动中始终贯彻执行"人民铁路为人民"的宗旨，团结协作、顾全大局，以全局利益和社会利益为重，坚持局部利益服从全局利益、个人利益服从集体利益。

以高速铁路客运乘务服务为例，高速铁路客运乘务生产组织是一项非常复杂的系统工程，具有大联动的特点，这决定了高速铁路客运乘务作业过程中，各级客运部门与其他专业部门存在大量的作业关联，如客运段与动车段、机务段、餐服部门、保洁部门、客运站、中铁快运等部门的作业关联。因此高速铁路客运服务过程中需要大量的团结协作、顾全大局工作。

3. 团结协作、顾全大局是优化铁路运力资源配置，提高整体运输生产力的要求

铁路运输工作必须落实科学发展观，坚持走内涵扩大再生产的道路，在加快路网建设、推进技术装备现代化的同时，立足提高整体运输生产力，优化全路的运力资源配置，最大限度挖掘新增资源和存量资源，实现资源协调、区域协调、客货协调，优化运输组织，不断提高机车车辆使用效率，提高线路通过能力利用率，把新运行图的能力充分释放出来，促进客货运量大幅增长，完成运输生产经营任务。

在运力配置和资源协调的过程中，全路必须统一认识，强调以大局为重，做到听从统一指挥，服从统筹安排。

提高全路运输效率和效益，提高路网整体能力，需要每个部门、每个单位、每个职工牢固树立大局意识，贯彻"全路一盘棋"的指导思想，无条件服从生产力布局的调整。在各铁路局、各站段的运输组织工作中，实行统筹协调兼顾，强化调度集中统一指挥，站在系统功能的角度来优化运输组织。

4. 团结协作、顾全大局是铁路职工的优良传统，有利于事业的发展

团结协作、顾全大局是我国铁路职工的优良传统。我们依靠团结协作、顾全大局的职业道德，在各工种之间开展了各种形式的团结协作，大大地提高了铁路运输生产效益。

在铁路工作中，结合工作实际，树立人人想全局、讲全局、为全局，个个讲团结、讲协作、讲奉献的职业道德，有利于在铁路职工之间建立起互助互爱的新型人际关系，有利于在铁路各工种、各部门之间形成联劳协作的良好风尚，有利于增强企业的凝聚力，促进生产力的发展，实现铁路运输生产的安全有序，完成铁路运输生产任务。

三、团结协作、顾全大局的基本要求

在铁路运输生产中，要自觉做到团结协作、顾全大局，必须树立在大局下行动的观念。必须把铁路看作一盘棋。一处不通就会影响一条线，一条线不通就会影响一大片，最终会影响到国家经济社会的发展。因此，每个铁路职工都应树立全局观念，装车想卸车，发站想到站，中间站作业想编组站和到达站，线路基建想安全、大修行车，物资供应、生活后勤想生产第一线，局部工作想到全局工作，生产想安全，铁路运输想到全国经济社会发展。

铁路职工要坚持大局第一，站在全国经济建设的高度，充分认识铁路根据国家经济建设的需要，应在服从全局的同时，自觉挖潜、扩能、增效，为服从大局、保证全局、促进大局创造条件，多做贡献。

1. 摆正社会效益与铁路的企业效益之间的关系

铁路的企业效益与社会效益在根本上是一致的，但有时也会发生冲突。当铁路的企业效益与社会效益不一致时，铁路职工应当从社会需要和人民的利益出发，坚持社会效益第一，把社会效益放在第一位。

2. 正确处理长远利益与眼前利益的关系

每一个企业和职工都有一个如何处理眼前利益与长远利益关系的问题。眼前利益是当前的、看得见、摸得着的利益；长远利益是带有根本性的未来利益。对企业和职工来说，无论是眼前利益还是长远利益都是不可缺少的。眼前利益是长远利益的一部分，长远利益中包含着眼前利益。眼前利益与长远利益在根本上是一致的，但在一定条件下，实现眼前利益与实现长远利益会有不一致的地方。在这种情况下，就必须既看眼前利益，又注重长远利益，为实现人民的长远利益，实现企业、社会发展的战略目标，有时需要牺牲一定的眼前利益。

3. 正确处理集体利益与个人利益、局部利益与全局利益的关系

在社会主义条件下，国家利益、集体利益与个人利益在根本上是一致的。国家利益是各地方、各职业团体和每个个人根本的、全局的利益。实现国家的繁荣和富强，是各行各业和每个人最大的利益。同时，我们也要承认和保障个人的、各个职业团体的正当利益。因为，这种正当利益是个人生活和工作、职业团体从事生产经营活动的物质文化基础。当个人利益、职业团体的局部利益与国家利益、全局利益发生矛盾时，个人利益、职业团体的局部利益就应当服从国家的利益和全局的利益。

4. 正确处理班组的协作关系，搞好班组成员的合作

班组是铁路运输生产最基层的单位，是铁路运输生产过程的基础。班组的协作，

涉及班组内部的工种之间、工序之间、岗位之间的分工与合作。班组成员一要做好本职工作，即在站段、车间的统一指挥指导下，完成自己的运输生产任务，这是合作的基础；二要做好安全互控，这是做好本职的作业流程内容，也是在安全上互相监督。班组是安全互控的重点，同一作业中各工种、工序内部和相邻岗位间，以互控的形式互相制约，达到作业的安全质量标准；三要做好不同工序之间的作业衔接、班组与班组密切结合。

5. 正确处理站段之间的协调关系，搞好各部门之间的合作

铁路运输生产中最重要的团结协作涉及车、机、工、电、辆等各部门，涉及铁路列车编组、始发、中途运行、到达、解编等各个环节，各环节紧密相连，组成一个连续的运输生产过程。虽然实行集中统一指挥，但各单位各有自己的具体利益，各部门不能只从局部利益出发进行工作，而应从全局利益出发，为兄弟部门的工作着想。自觉搞好联劳协作，为共同完成运输任务创造良好条件。

每个部门的作业都为与之衔接、关联和部门的工作着想，一方面，明确分工，完成本职，为相关部门提供安全优质的"产品"；另一方面，互相主动为其他部门的工作提供方便，服务他人，由此形成合力，提高工作效率和经济效益。

6. 正确处理运输结合部问题，搞好各单位在结合部的合作

运输结合部是各工种、各工序和部门在作业过程、作业时间、作业空间、设备管理、职责权限等方面相互交叉、重叠的部分，这些结合部，往往是各部门利益的焦点，也是各部门协作的难点、盲点。譬如，车站是各工种集中作业的区域，为了扩大运能，压缩了列车追踪间隔、区间运行时分，与此相应，车换挂、车辆技检时间压缩了，对装卸、工务、电务等作业的质量和效率要求也更高了，如果车、机、工、电、辆等任何一个部门在车站的作业延时，达不到技术标准，就会牵一发而动全身，打乱站间作业秩序，导致后续工种顺延，影响列车正点运行，所以，各部门必须保证衔接顺畅。各铁路局、各站段之间在空间结合部的协作，亦直接关系到线路的畅通与整体效益。

7. 搞好"路地合作"

路地合作，就是铁路与地方各类企业、团体以及各级地方政府等方面的合作。铁路与国家的发展紧密相连，与地方的发展更是相互倚重、相互促进的。一方面，铁路发展取得的巨大成就，与中央的高度重视、正确领导分不开，与各级地方政府的大力支持分不开。另一方面，铁路建设对地方经济发展和国民经济发展具有重要的带动、推动作用，铁路各部门和职工在坚持铁路运输首先要为国家利益服务的大局意识的同时，应该重视建立和谐的路地关系，主动融洽路地关系，造福地方百姓，为沿线地方

政府和人民群众办实事，形成双赢的路地关系，为铁路建设和运输生产创造良好的社会环境。

31 年守护襄渝线最难养护线路

中国铁路西安局集团有限公司安康工务段巴山线路车间巴山线路工区党支部书记、工长王庭虎，入选中央电视台《感动中国》2014 年度推荐人物，曾获得全国劳动模范、"中国好人榜"敬业奉献好人、感动陕西十大人物、全路百名标杆班组长以及全国五一劳动奖章等多项荣誉。

他从师傅手上接过接力棒，守护襄渝线最难养护的一段线路，带领工区职工实现了 41 年安全无事故。

四等小站巴山站建在千仞绝壁处，站台位于凌空飞架的桥上，桥如沉入山谷的弯月，一头钩着黑水河钢梁桥，另一头嵌入大巴山隧道群。

巴山线路工区坐落在桥头逼仄之地，管辖 12 千米线路设备，集中了襄渝线最高的桥梁、最长的隧道、最小的曲线半径和最大的坡度区段。

在山下的展览馆里，发黄的史料揭示了"巴山精神"的孕育史：20 世纪 70 年代，铁道兵挺进秦巴山区，用鲜血和汗水建成了襄渝线。此后，乘着改革开放的春风，一代代铁路人来到巴山，培育了以"艰苦奋斗、无私奉献、务实创新"为基本内涵的"巴山精神"，被陕西省委誉为"新时期的延安精神"。

"解师傅说，巴山的条件再苦，它也在共和国的版图上。铁路修到这里，总要有人来养护。我们不来，别人就得来。既然来了，在一天就要干好一天。"王庭虎说，"襄渝线是一条流着烈士鲜血的大动脉，我们要是养不好，实在对不住筑路烈士们。"

大巴山 2 号隧道堪称"地质博物馆"，曾被列为全路重点病害区段，常年翻浆冒泥，病害不断，起初列车限制时速 15 千米。几位外国专家来查看后，给隧道判了"死刑"：要么报废，要么重建。

巴山职工们偏不信，在阴冷潮湿的隧道里，一代接着一代整修线路设备，硬是将列车经过大巴山隧道的时速提到了 60 千米。2000 年，王庭虎调到巴山线路工区任工长，带着大伙儿继续铆足劲儿干，使列车经过大巴山隧道的时速达到 90 千米，把一条"担心线"建成了"放心线"。

安康工务段曾多次对长年在巴山等艰苦站区工作的职工进行岗位调整。可每次，王庭虎都主动要求留下。他说："我的青春留在了巴山，我已经和巴山融为一体了。"

王庭虎的眼睛黝黑明亮，他目测过的钢轨水平度和弯道平顺度，堪比用弦绳、水准仪测量过的一样。多年来，他几乎从未看走眼。

钢轨的轨距水平关系到列车是否能够平稳运行轨距如图 3-6 所示。全路钢轨以 1 435 毫米轨距为基准，大 6 毫米、小 2 毫米都在合格范围内，而巴山标准是"1 435 毫米±1 毫米"，只允许有 1 毫米的正负误差，比国家标准更严格，而且是在襄渝线曲线半径最小的山区区段。

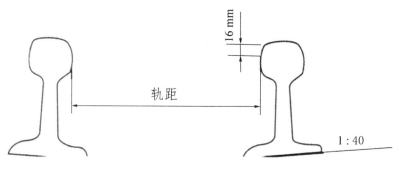

图 3-3　轨距

王庭虎这样解释巴山标准："标准松一格，火车通过时的风险就增一分。上千万旅客的生命安全攥在养路人的手里，检查必须精细精细再精细。"

工区所辖的 12 千米线路，有 22 080 根枕木、88 320 套扣件，每次巡查，王庭虎和工友们都一个不漏地检查，他们用 1.1 万次弯腰换回 1.1 万个数据。31 年来，凭借脚功、眼功、耳功、手功和仪器检测，他们消除了数千起安全隐患。

接过工长的接力棒后，王庭虎不断创新工作方法，探索出道岔养护四步法、大兵团移动式作业等线路养护法，保证了线路设备优良运行，实现安全生产 31 年，也确保工区安全生产持续稳定。

在一次次火热实践中，王庭虎体会到了团队合作的强大力量。他把弘扬"巴山精神"作为"传家宝"，倡议工区成立"学雷锋爱心小站"，和工友们一起为巴山乡修路架桥，给孩子们捐款助学。

近几年，一些年轻人分配到巴山工作。为留住这些青年员工，每年清明节，王庭虎都带领他们为巴山筑路烈士扫墓、描碑文，每月都组织他们参观"巴山精神"荣誉室，观看反映巴山铁路人奋斗史的纪录片《巴山路魂》，引导青年员工们找准人生坐标。

在工作中，王庭虎毫无保留地传授青年员工线路养护方法，并在一次次施工作业中激励年轻人成长。

在巴山工作的日子里，王庭虎用激情和责任给职工树立了榜样，让职工的心安定下来。他先后培育 10 多名优秀青年员工走上工班长、管理干部岗位，这些年轻人就像一粒粒种子，将"巴山精神"根植于新的岗位，不断发扬光大。

图 3-4　守护襄渝线最难养护线路

（资料来源：《人民铁道》报）

单元 4　注重质量、讲究信誉

注重质量、讲究信誉，是铁路企业和职工必须具备的职业道德素质。质量是铁路运输产品、铁路建设工程、客货运服务的生命，也是信誉的先决条件，是我国社会主义市场经济与世界经济接轨之后企业立于不败之地的决定因素。注重质量、讲究信誉是铁路职工必须遵守的职业道德规范，是铁路企业参与市场竞争的必然要求。

一、注重质量、讲究信誉的基本含义

质量是"反映产品或服务满足明确或隐含需要能力的特征和特性的总和"。简单地说，所谓质量，一是必须符合现行规定的要求，二是要满足用户的期望。信誉是信用和名誉在职业活动中的统一。每一种职业活动都存在质量和信誉问题。在生产性行业存在着质量和信誉问题，在服务性行业也有质量和信誉问题。

质量意识，就是指从业人员在生产（工作）过程中逐渐形成的，并支配其行为的关于产品或工作优劣程度的态度和信念。它对职工生产（工作）过程的质量行为具有引导、激励和规范的作用，是企业精神在工作中的具体化。不论是领导还是一般职工，都要在思想上牢固树立起质量第一的观念。

注重质量、讲究信誉就是指在职业工作中，把提供优质服务和生产高质量的产品、维护企业信誉作为自己最重要的工作目标。一个职业工作者所生产的产品或提供的服务的优劣程度，不仅是一个业务问题，还是一个道德问题。铁路职业道德要求每个从业人员都要注重质量、讲究信誉。铁路企业的每一项工作、每一个工程，都是由各个部门的员工相互合作共同完成的，任何一个环节出现了质量问题，都会影响全局。

注重质量、讲究信誉是对国家、对人民负责的表现。在铁路运输生产过程中，各工种成千上万人的作业必须互相衔接、紧密配合、准时有序地进行，任何一个环节出现了问题，或不讲质量、不讲信誉，都会给铁路运输生产造成巨大的损失。因此，铁路职工应该本着对国家、对人民负责的精神，注重质量、讲究信誉，积极工作，为国民经济的发展、人民的生活和铁路建设做出应有的贡献。这既是铁路职工的分内之事，也是铁路职业道德的要求。

二、注重质量、讲究信誉的重要性

1. 质量是文明与进步的重要标志

百年大计，质量第一。这是从事社会主义经济建设的一句口号，也是每个从业人员必须遵守的职业道德重要准则。质量代表着先进文化。世界著名的管理专家桑德霍姆说："质量是打开世界市场的金钥匙。" 世界进入经济全球化以后，有人把全球竞争的加剧比作"正在进行着的""第三次世界大战"。的确，这虽不是一场使用枪炮的流血"战争"，但却是一场经济竞争大战、世界贸易大战，这场"战争"制胜的武器就是质量。谁赢得质量，谁就掌握了主动权。质量关系着国家的命运、民族的未来，质量的管理水平关系着行业、企业的兴衰，关系着人民生命财产的安全。我国是文明古国，具有悠久的文明历史和传统文化，自古以来就非常注重质量。例如河北的赵州桥，建成至今已有 1 400 余年，历经地震、洪水、自然力的破坏以及交通的影响，现在两边桥基下沉水平差仅 5 厘米左右，被赞誉为"坦平箭直千人过,驿使驰趋万国通"。一座高质量的建筑、一座高质量的大坝、一座高质量的大桥，就是一座历史的丰碑，千古流芳，永远为世人称颂。

在市场经济条件下，质量是企业的生命，铁路企业也不例外。目前，各种运输方式竞争十分激烈，铁路、公路、航空都在争客流、争货源。在激烈的市场竞争中，铁路要保持优势地位，必须在质量上下功夫。只有质量上去了，安全搞好了，企业信誉高，旅客和货主信得过，铁路的生产目标才可能实现。反之，服务上不去，质量上不去，那么，随着经济的发展和竞争的加剧，必将使铁路运输业在市场竞争中处于不利的地位，损害国家、集体和广大铁路职工的利益。

2. 注重质量才能赢得信誉

在经济建设中，除了注重产品质量、工程质量以外，还必须高度重视服务质量，以优质服务来赢得企业的信誉。树立"顾客至上， 服务第一"的思想，千方百计满足顾客的物质需要和服务过程中的心理需要，以赢得顾客的信赖，提高服务行业的信誉，吸引更多的顾客，从而通过服务质量的提高实现企业的发展。例如，商务候车室的主要服务项目就是为旅客提供舒适、方便、整洁、卫生、安全的服务，最大限度地满足旅客的正常需求，只有这样，高速铁路商务座的信誉才会好。以质量赢得信誉，是服务行业最根本的经营之道。

3. 以质量求生存、求发展

我国正步入世界经济的大环境市场，竞争异常激烈，优胜劣汰、适者生存已是大趋势。产品质量、工程质量、服务质量的高低优劣与竞争能力的大小成正比，质量高的竞争力就强，信誉就好，就会形成品牌，吸引顾客的能力越强，就越有希望在竞争中取胜；反之，就没有竞争力，就会被无情地淘汰。

我国高速铁路发展迅速，高速铁路与普速铁路相比，在服务方式、服务内容、服务标准等方面都有着很大不同。新时代，铁路客运系统各部门、各单位积极围绕实施复兴号品牌战略，进一步提升高铁服务质量，为广大旅客提供了一流的客运服务，初步形成一批具有时代特色和铁路特点的服务子品牌，如"紫金号"品牌、"海之情"品牌、"凤舞楚天"品牌等。

"紫金号"品牌（品牌标识如图 3-5 所示），内涵为"和谐之旅，瞬间感动"。该服务品牌就是从满足旅客对列车服务的期待要求出发，针对沪宁城际高铁、京沪高铁、宁杭高铁等高铁列车服务的特点，通过完美的服务使旅客满意。在高铁服务的短时间内，为旅客提供高品质的列车服务，打造和彰显高铁服务的品牌魅力。

图 3-5　紫金号品牌标识

"紫金号"品牌服务的"高铁五多服务法"就值得大力提倡。其具体内容为：多备一招精心想，根据每趟客流的情况变化提前准备服务预案；多走一步留心看，注意观察旅客的服务需求；多问一句细心访，主动倾听旅客的乘车意见；多看一眼耐心讲，及时发现劝阻旅客的不当行为；多助一把热心帮，倾力帮助旅客解决遇到的困难。推行导医、导游服务，"紫金号"的服务人员收集整理了南京、上海、杭州等城市的交通、旅游、购物、餐饮、住宿、学校、医疗等各方面信息资料，分类做成地图册，注明所在区及等候通往各处所的公交车、地铁所在位置，还为旅客建立宾馆、医院、学校、订购机票等常用电话号码簿（百事通），最大限度地为旅客提供延伸服务。实行"满意一百"问询服务，要求每一名乘务员用真诚、热情的服务态度和细致、娴熟的服务技能，做到业务技能考不倒、服务本领问不倒、延伸服务难不倒，百问不厌。开设延伸接力服务，与铁路南京"158"雷锋服务站等全国数十家火车站联网，为重点旅客提供对接延伸服务。提供列车"百宝箱"，各趟高铁配备装有雨衣、婴儿奶瓶、针线包、象棋、儿童画册等，无偿提供给旅客使用。建立微信服务平台，主动对接12306客服中心各项功能，开通和完善"南客沪宁城际高铁"和"南客宁杭高铁"微信服务平台功能，定时推送高铁乘车注意事项、正晚点提醒、列车沿线天气预报等，同时接受旅客求助。

通过开展高铁列车服务品牌创建活动，增强了职工的创优争先意识，夯实了高铁列车各项基础工作，提高了服务质量。

无论是生产物质产品的企业还是服务性行业，在其自身的发展过程中必然产生社会效益和经济效益。社会效益就是企业的社会信誉度、企业的社会形象，这是社会对企业产品质量、企业管理水平以及全体员工素质的综合评价，是企业的无价之宝。企业的社会效益和经济效益是成正比的。社会效益好，知名度和信誉度高，往往综合经济效益也好。社会效益和经济效益又是相互影响、相互促进的。而决定社会效益与经济效益的关键因素是生产者的生产质量、服务者的服务质量，质量决定了企业的生存与发展。企业要想在激烈的竞争中立于不败之地，就要狠抓质量。

三、注重质量、讲究信誉的基本要求

1. 质量第一、信誉为重

注重质量、讲究信誉要求铁路职工必须树立质量第一、信誉为重的观念。在社会主义市场经济体制下，铁路运输企业作为独立的经济实体，要在竞争中取胜，必须凭借优良的质量和良好的信誉。

树立质量第一、信誉为重的观念，要求每个铁路职工要具有强烈的质量意识，把提供优质服务和生产高质量的产品作为自己首要的最重要的工作目标。

树立质量第一、信誉为重的观念，要求每个铁路职工要正确认识质量与信誉的关系。质量与信誉是密不可分的。有了质量，才能获得服务对象的依赖，企业才能兴旺发达；注重信誉，必然讲究质量，从而保证产品的质量，满足社会和人民的需要。

树立质量第一、讲究信誉的观念，要求每个铁路职工认识到，讲究质量是每个铁路职工履行岗位责任的具体要求，自觉地把提供优质的服务和生产高质量的产品作为自己首要的工作目标。

铁路职工，要具备高度的责任心、一丝不苟的工作态度，认真做好本职工作，讲究工作质量，注重企业信誉；无论是乘务员、站务员，还是调度员、调车员，或是检车员、养路工、信号工等，每个铁路职工都要围绕铁路运输安全生产，树立起质量第一、信誉为重的观念，认真做好本职工作，才能促进铁路运输整体效益的提高。

2. 严守规程、诚实工作

注重质量、讲究信誉，要求广大铁路职工必须做到严守规程、诚实工作。严守规程，就是要认真严格地遵守作业规程和劳动纪律。做到认真学习和掌握铁路的法律规章、规程和条例，执行规章制度、作业规程要一点也不差，差一点也不行。诚实工作，就是要自觉履行岗位职责，严格按照有关标准作。做到一举一动不马虎，一丝一毫不凑合，一分一秒不疏忽；说标准话、上标准岗、干标准活、交标准班，保证运输生产安全顺利进行，保证铁路运输畅通。

3. 提高技能、精心操作

注重质量、讲究信誉，要求铁路职工做到提高技能、精心操作。提高技能就是要求从业人员努力钻研所从事的专业，孜孜不倦、锲而不舍，不断提高职业技能。一个人只有掌握了所从事职业必需的技能，才能在社会上立足，才能为人民服务。精心操作，主要是指在工作中忠实履行岗位职责，一丝不苟，做到精益求精。

提高技能、精心操作不仅关系到个人能力大小、知识水平高低，也涉及道德问题。一方面，掌握良好的专业技能，提高业务能力，是社会主义社会每个劳动者对社会应尽的道德义务，个人对专业技术能否钻研以及钻研的程度，也反映他的职业水平。职业技能是为人民服务的基本手段。如果缺少了一定的技能，不懂业务知识，往往还会出现好心办坏事的情况，严重的还会给国家人民造成惨重的损失。另一方面，如何操作、如何运用职业技能，直接关系到服务质量，关系到人民群众的生命财产安全。每一个职业劳动者只有努力提高自己的职业技能，在职业工作中做到精心操作，才能保证自己的生产、服务质量，达到为人民服务的目的。

提高技能、精心操作必须要有勤学好问、刻苦钻研的精神。任何科学知识和专业技术都是劳动人民智慧的结晶，都是劳动人民经验的总结。随着社会的发展，这些知识和技术也在不断加深和拓宽。只有勤学好问，多思勤问，刻苦钻研，才能把知识和技术弄懂学透，只有不断向有技术专长、经验丰富的人学习，才能不断提高自己的业务水平。提高技能、精心操作必须重视技能训练，按规范操作。专业技能的掌握，一方面应该认真学习专业技术理论知识，熟悉操作规范；另一方面，必须加强专业技能的训练，做到熟练按规范作业。提高技能、精心操作必须勤学苦练，精益求精，不断攀登技术高峰。每一个铁路员工努力学习新知识、掌握新技能。专业技能的学习和掌握不是一劳永逸的，铁路职工应当不断学习钻研，不断地提高，努力用现代科学技术武装自己，才能跟上科技发展的需要。

4. 改革创新、开拓进取

随着国民经济的发展和人民生活水平的提高，人们对运输服务质量的要求越来越高。铁路要改革创新、开拓进取，提升客货运的服务质量，建立中国铁路良好的信誉；

铁路要改革创新、开拓进取，提供安全快捷的运输、方便舒适的环境、热情周到的服务以满足广大旅客货主的需要。作为铁路员工，我们要创品牌、争一流，诚心待客、热情服务；要在工作中不断挖掘旅客、货主多方面的需求，不断创新自己的服务，增强服务特色。

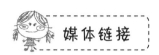

媒体链接

王宏昌：新蜀道上的技术尖兵

王宏昌，中共党员，中国铁路西安局集团有限公司西安高铁基础设施段总调度长，高级工程师，2008 年参加工作，2017 年当选原中国铁路总公司"百千万人才"工程专业拔尖人才，2019 年荣获西安局集团公司"西铁楷模"称号。

12 年奋斗在高铁养护一线，坚守 0.1 毫米技术标准，14 次破解高铁养护难题，4 次荣获局集团公司级以上科技进步奖，以动态检测零出分、静态检查零缺陷的优异业绩，创下了"中国高铁第一坡"养护奇迹。

1. 追查 0.9 毫米"真凶"

王宏昌 2008 年毕业后，到西安工务段当线路工。工区的师傅们把这个大学毕业生当成"宝贝疙瘩"一样看待，但王宏昌坚持跟着师傅们下现场，在专业实践中提升本领。在一天天看似枯燥的巡线中，王宏昌将课本中学到的知识转化为丰富的实践经验。

2009 年郑西高铁预介入工作准备启动，王宏昌第一个报了名。9 个月的时间里，他运用所学知识，先后解决了精测网数据搭接等 6 项技术问题，令工区职工们刮目相看。

不久，王宏昌遇到一个大难题。那是 2009 年 12 月 15 日，综合检测车通过郑西高铁渭南北站 2 号道岔时，检测出的晃车问题让他陷入了困境。他回忆道："2 号道岔是全国首批铺设的时速 350 千米桥上无砟高速道岔，我们根本没有经验可以借鉴。"

越是困难越向前。王宏昌运用传统的养护手段对道岔各部分尺寸进行测量，反复比对设计参数，发现数值都不超标，但晃车问题依然存在。国内外高铁专家先后来到现场，几番测量分析，也没有给出答案。

不服输的王宏昌多次添乘综合检测车，感受晃车症状，一遍遍推敲原因。一个月后，车轮压过道岔，由基本轨过渡到尖轨时，一次异常突变引起王宏昌的警觉。

难道是尖轨和基本轨的高度差存在问题？带着疑问，王宏昌主动联系道岔厂家，原来，高铁上有个新的技术指标叫"尖轨降低值"，超过规定限度就可能造成列车晃车。

王宏昌赶紧按照设计标准进行实测，结果发现"尖轨降低值"超出 0.9 毫米，这就是晃动的"真凶"。他立即组织调整相关配件，晃车难题迎刃而解。随后，他总结的"尖轨降低值 5 点工作法"在西安局集团公司管内推广应用。

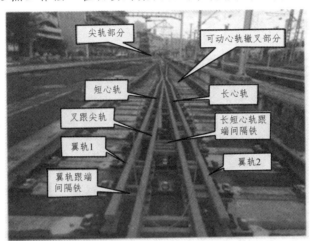

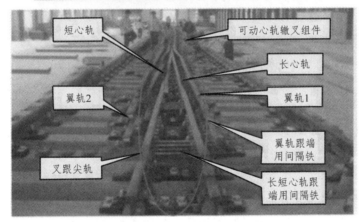

图 3-6　高速铁路道岔构造

"拥有金刚钻，才能揽下瓷器活。只有不停地学习新知识，才能跟上高铁发展的步伐。"王宏昌深感专业学习的重要性。2015 年，他报名攻读了中国铁道科学研究院工学硕士学位，学习建筑与土木工程专业知识。不久，他又与西宝高铁咸阳渭河特大桥上铺设的进口曲线钢轨伸缩调节器较上了劲。

日常养护中，该钢轨伸缩调节器区段时常出现病害，这不仅加大了材料费用支出、增加职工工作强度，而且影响线路的动态平顺性。调节器是进口设备，厂家无法提供详细资料，这让王宏昌如坐针毡。

那段时间，除了完成日常生产任务，他一门心思扑在现场。两年间，他编写了91 页涵盖理论验算、数据分析等内容的学术报告，使病害率减少 47%，不仅降低了工作量，提高了作业效率，而且也为西安局集团公司管内调节器的养护维修提供了重要依据。

哪里有需要，哪里就有王宏昌的身影。2014年至2017年间，王宏昌参与了多条高铁的静态验收、动态验收，解决10余项技术难题，发表论文6篇。

2. 较真0.1毫米偏差

"干就干最好，争就争第一"，抱着这样的信念，2017年4月，王宏昌再次请缨，参与了西成高铁的开通准备工作。

作为我国首条穿越秦岭南北主峰的高速铁路，西成高铁鄠邑站至新场街站间有一段45千米长、坡度25‰的连续长大坡道，动车组每前进1千米海拔就上升25米，坡道落差达1100米，被称为"中国高铁第一坡"。

为掌握第一手资料，王宏昌经常一进山就是一星期，有时一整天都吃不上饭，饿了就啃面包、喝山泉水，车间管内153千米的桥梁、隧道、线路，连他自己都数不清走了多少遍。

面对45千米25‰连续长大坡道，王宏昌组织职工对上下行线路15万余根轨枕逐根采集信息，分析数据600多万组，通过数次精调，将轨道几何尺寸的最小偏差牢牢锁定在技术标准以内。

新场街站是西成高铁全线海拔最高点，冬季最低气温在-20℃左右。王宏昌主动联系气象部门，全面了解掌握气候变化规律，逐项明确设备检查重点和劳动安全控制关键。

2017年11月，西成高铁开通在即。但在联调联试中，新场街站6号道岔出现了动力学指标超限问题，存在行车安全风险，如果不及时处理，将影响按期开通。

眼看开通日子将至，但解决方案迟迟拿不出，王宏昌坐不住了。他对新场街站正线8组道岔逐一进行对比分析，对每组道岔轨枕的几何尺寸、钢轨廓形等进行全面检测，为了0.1毫米的偏差，他反复松卸扣件，来回调整。10天后，他终于找到了问题的症结并顺利解决。

2017年12月，西成高铁顺利开通。尽管提前有过预想，但在12月中旬的一次设备抢修应急处置中，生产组织问题还是暴露了出来，这给时任西安工务段户县东线路车间主任的王宏昌上了一课。

鄠邑至新场街区间，每年10月底就大雪封山，要到次年的4月才能融化。职工前往西成高铁长大坡道，通过公路方式根本无法到达，只能向车站申请和谐N5型内燃机车牵引轨道车才能前往作业点。

"如何在日常检修和应急处置中保证人员、机具运输？"难题摆在了王宏昌面前。他根据工务、电务、供电三个专业作业不同配合情景，制定出鄠邑至新场街区间供电作业、新场街至佛坪区间工务作业等5套生产组织模式，使单个"天窗"增加有效作业时间85分钟，月均节约人员133人次，提高作业效率42%，保证了作业质量，也降低了山区道路交通安全风险。

"中国高铁第一坡"的安全，体现着中国高铁科技技术实力，考验着高铁人的责任和担当。王宏昌始终坚守"高铁安全万无一失、旅客列车万无一失"理念，参与国家、中国国家铁路集团有限公司、西安局集团公司等高铁领域重点科研项目14次，发表论文6篇，完善鄂邑至佛坪间长大坡道工务专业运输安全保障措施19项。2017年，他入选国铁集团"百千万人才"工程专业拔尖人才。

3. 争创"0+0"养护奇迹

2019年4月，高铁综合维修生产一体化改革拉开帷幕，西安高铁基础设施段成立。8月3日，鄂邑综合维修车间成立，王宏昌任车间主任。

新成立的鄂邑综合维修车间，担负着西成高铁西安北至佛坪区间159公里范围的工务、电务、供电设备维修以及高铁外部环境管理任务。

"以前，我们是单一的工务专业，现在工电供联合，生产组织、安全风险点等都发生了翻天覆地的变化。"王宏昌坦言，如何由形式上的一体化实现真正意义上的一体化，是高铁综合维修生产一体化改革的难点。

车间新成立的调度分析工区有5部电话。2019年2月13日上午，西安高铁基础设施段调度员通知称，线路设备出现故障，需应急处置。此时，负责线路岗位的值班人员去了洗手间，座机、手机一直没人接听，导致应急处置延迟7分钟。

"在一个工区，就要荣辱与共、不分彼此。"原本是谁的责任谁负责，但这次王宏昌对整个工区9名职工全部加倍考核。但在专题分析会后，王宏昌深刻认识到，虽然问题因某个岗位值班人员未接听电话而引起，但暴露出的深层次问题是，各专业间存在技术壁垒，不敢轻易"接招"。

打造一支高素质的战斗团队，最大程度发挥生产合力，是王宏昌下的第一步棋。

车间35岁以下青工占85%，思想活跃、想法多元，王宏昌就时常用"幸福是奋斗出来的"这句话引导他们。他还组织职工开设45场"高铁大讲堂"，举办13期综合维修工培训班，使职工做到"一专多能、一主两辅"；选拔技术骨干成立攻关小组，让他们在急难险重任务中得到锻炼，培养的8名优秀技术人才先后走上管理岗位。

一体化改革，生产组织是重中之重。王宏昌从检修计划编排入手，做好上下级纵向沟通、专业间横向沟通，严防过度融合影响专业发挥；组织制定"7+2"项多专业联合作业指导书、57项单一专业作业指导书，通过"六固化""五统一"明确检修流程和标准，提高作业质量和效率。

在工机具材料管理上，为体现"共管共用"，王宏昌整合各专业库房，从使用功能上重新划分为材料、工具、应急3类，面积压缩二百多平方米；对各专业工机具，梳理出共用部分29类、专业部分121类，统一安装芯片或喷涂二维码，实现动态管理，提高出入库效率，实现节支降耗。

改革实施一年多来，王宏昌带领职工精检细修西成高铁高坡区段线路设备，创下了"动态检测零出分、静态检查零缺陷"的好成绩。

2020 年 7 月中旬，王宏昌走上西安高铁基础设施段总调度长岗位，带领更多的职工精细养护高铁线路设备，使动车组列车安全驰骋在祖国广袤大地上。

图 3-7　新蜀道上的技术尖兵

（资料来源：《人民铁道》报）

单元 5　艰苦奋斗、勇于奉献

艰苦奋斗、勇于奉献是铁路的光荣传统，是推动铁路事业发展的精神动力。在推进铁路建设的历史进程中，必须继续弘扬艰苦奋斗、勇于奉献的崇高职业道德。

一、艰苦奋斗、勇于奉献的基本含义

艰苦奋斗是中华民族的优良传统和美德，也是我们党的优良传统。艰苦奋斗就是要有独立自主、自力更生、朴素节俭的工作作风，胸怀理想、不畏艰险、顽强拼搏的坚强信念，开拓创新、锐意进取、奋发向上的精神风貌。艰苦奋斗，是一种勇于献身的革命精神，是一种崇俭、求真、务实的人生态度，也是一种着眼于开拓进取的有理性的自觉原则。

勇于奉献，就是要求铁路职工在自己的工作岗位上树立奉献社会的职业精神，并通过兢兢业业的工作，自觉为社会和他人做贡献。这是一种无私忘我的精神，是职业精神的出发点和归宿，是每个铁路职工职业道德修养的最终目标。

我国铁路遍布全国，线路长、跨度大，有相当数量的铁路职工要长年累月在环境异常艰苦的地方工作和生活；铁路工作任务重、责任大、时间紧凑，各方面要求高，铁路职工必须付出超常的劳动来满足旅客和货主的运输要求；在铁路运输过程中，行车事故、自然灾害随时可能发生，铁路职工必须招之即来、来之能战、战之能胜，确保铁路运输的畅通。这些都要求铁路职工必须不怕艰难险阻，在艰苦的工作环境中，在急、难、险、重的任务面前，在改革发展中知难而进，吃苦耐劳。

二、艰苦奋斗、勇于奉献的重要性

1. 艰苦奋斗、勇于奉献是鼓舞铁路职工斗志的精神力量

人民铁路的发展史，就是一部艰苦奋斗的创业史。从旧中国铁路寥寥无几到今天我国铁路网的基本建成，无一不包含着艰苦奋斗、勇于奉献的精神。

我国国土面积辽阔，自然条件差异大，相当多的铁路职工要远离繁华的都市，分散在各地，承担着繁重辛苦的工作。在新的形势和条件下，铁路事业是充满艰辛与创造的伟大事业。在这样的条件下，弘扬艰苦奋斗、勇于奉献的精神，可以催人奋进、给人以勇敢、智慧和力量；坚持艰苦奋斗、勇于奉献的精神，就要耐得住清贫，抗得住诱惑，保得住廉洁，经得住考验。有了艰苦奋斗、勇于奉献的精神，就能不计较个人利益得失，乐于奉献社会，就能战胜一切困难，完成党和人民赋予我们的任务和使命。

2. 艰苦奋斗、勇于奉献是开创铁路改革发展新局面的需要

《新时代交通强国铁路先行规划纲要》总体要求中指出，以习近平新时代中国特色社会主义思想为指导，全面贯彻党的十九大和十九届二中、三中、四中全会精神，坚持稳中求进工作总基调，坚持新发展理念，坚持以供给侧结构性改革为主线，坚持人民铁路为人民，聚焦交通强国铁路先行，对标国际先进标准水平，着力固根基、扬优势、补短板、强弱项，加快推动铁路发展质量变革、效率变革和动力变革，全面打造世界一流的铁路设施网络、技术装备、服务供给、安全水平、经营管理和治理水平，率先建成现代化铁路强国，为全面建成社会主义现代化强国、实现中华民族伟大复兴中国梦提供有力支撑。到 2035 年，率先建成服务安全优质、保障坚强有力、实力国际领先的现代化铁路强国。基础设施规模质量、技术装备和科技创新能力、服务品质和产品供给水平世界领先，运输安全水平、经营管理水平、现代治理能力位居世界前列，绿色环保优势和综合交通骨干地位、服务保障和支撑引领作用、国际竞争力和影响力全面增强。到 2050 年，全面建成更高水平的现代化铁路强国，全面服务和保障社会主义现代化强国建设。铁路服务供给和经营发展、支撑保障和先行引领、安全水平和现代治理能力迈上更高水平，智慧化和绿色化水平、科技创新能力和产业链水平、国际竞争力和影响力保持领先，制度优势更加突出。形成辐射功能强大的现代铁路产业体系，建成具有全球竞争力的世界一流铁路企业。中国铁路成为社会主义现代化强国和中华民族伟大复兴的重要标志和组成部分，成为世界铁路发展的重要推动者和全

球铁路规则制定的重要参与者。

《新时代交通强国铁路先行规划纲要》对于全路干部职工坚定信心、凝聚共识，进一步做好铁路工作，具有重大而深远的意义。我们要深刻认识和把握新时代给铁路工作提出的要求，抓住机遇，迎接挑战，以奋发有为、时不我待的精神状态，主动适应新进代，把铁路改革发展推向前进。

3. 艰苦奋斗、勇于奉献是中国特色社会主义事业的要求

艰苦奋斗、勇于奉献，其主旨在于奋斗，其价值在于为事业而奉献。艰苦奋斗、勇于奉献，不是一时的权宜之计。艰苦奋斗的精神，是几千年来中华民族生生不息、发展壮大的重要精神支柱。今天，在实现中华民族伟大复兴之时，艰苦奋斗、勇于奉献有了新的时代内涵和实践要求，艰苦奋斗、勇于奉献的精神永远不会过时。艰苦奋斗、勇于奉献始终是激励我们为实现国家富强、民族振兴而共同奋斗的强大精神力量。

三、艰苦奋斗、勇于奉献的基本要求

1. 树立艰苦奋斗、勇于奉献的观念

铁路工作的特点和人民铁路的优良传统，决定了我们必须树立艰苦奋斗，奉献社会的观念。树立艰苦奋斗、奉献社会的观念有利于铁路职工确立正确的劳动态度，正确处理奉献与索取的关系，有利于铁路职工坚持革命的乐观主义精神和大无畏的英雄气概，为铁路职工奋发向上、战胜困难提供精神支柱。

艰苦奋斗、勇于奉献是劳动者的本色和崇高的精神境界。劳动者在改造自然和社会的过程中，从来都需要付出巨大的体力和脑力消耗，有时甚至会作出巨大的牺牲。只有不畏艰险、艰苦奋斗、勇于奉献，人才能蓬勃向上、健康发展。铁路职工是一支特别能战斗的队伍，具有很强的阶级性和党性，艰苦奋斗、勇于奉献是铁路政治优势中十分重要的一环。新时期的艰苦奋斗、勇于奉献是顽强拼搏精神与实事求是态度的有机结合，是开拓进取精神与倡俭崇实作风的有机结合，是奉献精神与效益观念的有机结合。

2. 养成勤俭节约的工作作风

勤俭节约是中华民族的传统美德。中国共产党靠着"勤俭节约，艰苦奋斗"的精神，才能披荆斩棘，从胜利走向新的胜利。没有勤俭节约、艰苦奋斗精神作支撑，国家难以繁荣昌盛、社会难以长治久安、民族难以自立自强。没有勤俭节约、艰苦奋斗精神作支撑，企业和个人都难以发展。

勤劳与节俭是相辅相成的。勤劳是指财富的创造和积累，节俭是指对财富的爱惜和尊重。没有节俭，辛勤劳动只能是徒劳。

3. 弘扬艰苦奋斗、勇于奉献的精神

新时期铁路建设是一项充满艰辛、充满创造的壮丽事业。伟大的事业需要崇高的精神，崇高的精神支撑和推动着伟大的事业。我们必须在铁路职工中大力弘扬艰苦奋斗、勇于奉献的精神。弘扬艰苦奋斗、勇于奉献的精神，我们并不是为了吃苦而去吃苦，而是为了创造，为了锻炼意志，增长才干；为了祖国的发展、人民的幸福和社会的进步。即使将来生活更富裕了，物质条件更优越了，同样要发扬艰苦奋斗、勇于奉献的精神。我们要牢记为人民服务的宗旨，在工作实践中，认真、扎实，尊重科学，力求实效，以艰苦奋斗的实际行动，为铁路建设做出贡献。

4. 努力学习、开拓创新

创新是指人们为了发展的需要，运用已知的信息，不断突破常规，发现或产生某种新颖、独特的有社会价值或个人价值的新事物、新思想的活动。

创新是一个民族进步的灵魂，是国家兴旺发达的不竭动力。如果自主创新能力上不去，一味靠技术引进，就永远难以摆脱技术落后的局面。一个没有创新力的民族，难以自立于世界民族之林。

没有创新就没有发展，未来企业的竞争是创新和速度之争。企业只有创新才能赢得生机与活力，创新是企业竞争取胜的法宝。21 世纪的竞争，实质是知识创新和技术创新的竞争，归根到底是具有创新意识和创新能力的高素质人才的竞争。我们任何一个人，从事任何一种职业，都不能缺少创新能力。

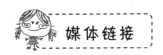

媒体链接

陈斌：守护高铁安全的"空中雄鹰"

炎夏七月，一场突如其来的罕见雷暴袭击了赣北大地，将昌九城际铁路的接触网设备击坏，严重威胁铁路运输安全。

危急时刻，一位中等个头的青年带头爬上高高的接触网立杆，只见他左右腾挪、动作娴熟，在高空中犹如一只展翅的雄鹰。他以最短时间更换被雷击坏的设备，保障了高铁列车安全通过。

这个身手敏捷的青年就是中国铁路南昌局集团有限公司南昌供电段共青城接触网工区工长陈斌。由于业务精湛，他被同事们称作守护高铁安全的"空中雄鹰"。

1. 供电安全的守护神

"要干就干最好，要当就当最强"，这是陈斌的座右铭。今年只有 33 岁的陈斌出生于一个铁路世家，外公曾参加过上甘岭战役，后来成为铁路职工，父母也都在铁路工作。

退伍后的陈斌来到南昌局集团公司南昌供电段共青城接触网工区工作。军人雷厉风行、吃苦能干的特质让他很快进入角色，没多久就因表现出色成为副工长。

昌九城际铁路是江西省第一条高速铁路，共青城站区又是全线最繁忙的区段。工区负责其中 4 个站 3 个区间 145 千米的接触网设备检修，安全压力较大。

越是艰难越向前。陈斌从不畏惧挑战，他下决心与 30 多名工友一起把这个成立时间短、设备基础薄弱的偏远工区建设成先进工区。

既能冲锋陷阵，又能守正创新。陈斌喜欢琢磨自己的工作，并摸索出一套安全管理新方法。他率先在局集团公司供电系统尝试"谁检查、谁签名、谁负责"的记名修工作标准，将 6 个主要风险源、24 项安全风险点全部纳入日常记名修管理。这套办法实施后，当年工区设备惯性故障发生率就降低了 58%，年平均节约维修费用超过 110 万元。

有付出就有回报。陈斌工作 15 年，一直坚持与 2.75 万伏高压网为伍，始终保持设备责任故障零纪录，并先后荣获了江西省劳动模范、火车头奖章、南昌局集团公司"十大平凡之星"、先进生产者等荣誉称号。

2. 科技创新的带头人

2016 年，因为成绩突出，南昌供电段设立了以陈斌的名字命名的陈斌劳模创新工作室。

2017 年，作为南昌局集团公司的职工代表，陈斌提出了打造单兵信息传输系统的提议，这个提议受到重视。

调研、立项、实施。不到半年，一种新的单兵信息传输设备便研发成功。这一设备实现了野外作业时现场与调度指挥中心的音视频实时传输和远程指挥，使供电设备故障发生率降低了 30％。

陈斌不仅让自己的业务能力在实践中得以提升，还利用陈斌劳模创新工作室这个平台培养青工。

短短 4 年时间，从陈斌劳模创新工作室中先后走出 7 名专业管理干部、6 名工长和 1 名高级技师、2 名技师。工作室成员侯春光，刻苦钻研，反复实践，将原本 2 小时检修 1 套装置的作业时间压缩至 30 分钟，极大地提高了工作效率，先后获得 2 项国家专利。

小小的陈斌劳模创新工作室已成为培养全段生产骨干的"黄埔军校"。

3. 长征精神的传承人

身兼工区党支部书记职务的陈斌，一有空就认真学习红色革命历史。他不光自己学，还带领工区职工一块学。为了更好地传承长征精神，陈斌利用休息时间组织大家前往于都、瑞金等地参观学习，让长征精神代代传承。

"幸福都是奋斗出来的。"参观回来后，陈斌总用这句话激励身边的职工。他是这么说的，也是带头这么做的。

几天前，陈斌因为腹部手术在医院默默躺了 7 天，没有告诉同事，就连在他附近工作的爱人都被蒙在鼓里。出院那天，遇上罕见的雷暴，他担心雷击会击坏供电设备，不顾医生劝阻，从医院直接回到工区。

果然，他所在工区的一个悬瓶被击坏了，需要立即更换。陈斌二话没说，背起工具就往现场跑。

工友们都担心他的身体，阻止他爬上杆。"不用多说，这设备我比你们熟悉。"关键时刻，陈斌再次显示出了军人坚毅的性格。

他吃力地用手托着 50 多千克重的悬瓶，艰难地在杆上移动。时间一秒一秒地过去。工友们一个个紧张地看着他，心揪到了嗓子眼。

终于，悬瓶更换好了，陈斌在杆上微笑着向工友们比了个"胜利"的手势。等到陈斌下了杆，工友们合力把他们的工长抱了起来。

陈斌用行动实现了自己的诺言，把工区打造成南昌局集团公司标准化建设的标杆。

图 3-8　守护高铁安全的"空中雄鹰"

（资料来源：《人民铁道》报）

单元 6　爱路护路、尽职尽责

保护铁路运输设施的完善，维护铁路良好的治安秩序，是保证铁路运输生产正常进行的一个基本条件。铁路职工爱祖国、爱铁路、爱岗位，不仅要努力完成本职工作任务，做好自己岗位上各种设备的维修和保养，还有义务、有责任爱护和保卫旅客、货主的生命财务，保卫铁路的一切设施不受损害，维护铁路治安秩序的良好。

一、爱路护路、尽职尽责的基本含义

1. 爱路护路

爱路护路是指职工要热爱铁路事业,热爱本职工作,爱护和保卫铁路的一切设备,维护铁路治安和运输生产的正常秩序,同一切扰乱铁路治安和运输生产正常秩序,盗窃、损害和破坏铁路设施的不法分子和行为作斗争。

每一个铁路职工都要热爱铁路事业,以高度的主人翁责任感,爱护和保卫铁路的各项设备,维护铁路治安和运输生产的正常秩序,这是铁路职工应有的职业道德素质。铁路各类设施,包括线路、桥梁、隧道、车站、机车车辆和通信信号设施等,都是保证铁路运输正常进行不可缺少的条件。

爱护铁路的一切设施,就是要保证铁路的各类设施始终处于完好状态,在性能、质量、数量上都能满足运输生产正常进行的需要。铁路作为国家的重要基础设施,国家投入了大量资金。铁路设施的丢失或损坏,不仅会使国家财产受到重大损失,而且会造成连锁反应,影响铁路运输生产的正常进行和人民生命财产的安全。铁路的许多重要设施都暴露在大自然当中,一方面容易受到暴风雪、洪水、泥石流等自然灾害的影响,另一方面也容易受到人为的破坏。铁路职工需要保持高度的警惕,努力做到爱路护路。

2. 尽职尽责

尽职尽责就是要求铁路职工用一种严肃的态度对待自己的工作、勤勤恳恳、兢兢业业、忠于职守,忠实地履行岗位职责。

作为一名铁路工作者,要有一种敬业精神。敬业是铁路职工热爱铁路事业的集中表现,真正认识到自己工作的意义,才能为铁路企业、为国家和人民的利益而献身。有了敬业精神,才能够在自己的岗位上以主人翁的责任感和事业心去干一行、爱一行、钻一行;能够不计较个人利益,始终保持积极的劳动态度;能够保持高昂的工作热情,把对国家、对人民和对社会的奉献看作是无上的光荣。

二、爱路护路、尽职尽责的重要性

1. 爱路护路、尽职尽责是实现人生价值的重要途径

职业活动是人生的主要内容。一个人对社会的贡献大小也就是其人生价值的大小主要是通过职业活动来体现的。只有热爱本职工作,勤勤恳恳、兢兢业业,忠于职守,尽职尽责,才能在平凡的岗位上实现自己的人生价值。

第一,爱路护路、尽职尽责可以提升人的事业心。事业心指的是为实现远大理想而献身于具体职业的理想和信念。敬业精神是事业心和责任感的思想基础,一个具备

这种精神的人一般都会为了自己的理想和人生的追求，不计较个人得失，甘于奉献。他们向往和追求的是事业的发展和成功带来的幸福感和成就感。

第二，爱路护路、尽职尽责可以提升人的工作水平。一个爱路敬业的人，为了把每一件事做好，就会不断学习、刻苦钻研，不断提高自己的业务水平；就会不甘平庸、勇于开拓，不断提升自己的工作水平。

第三，爱路护路、尽职尽责可以提升个人的思想境界。一个爱路护路、尽职尽责的人，一般都会有自己的理想和追求。这种理想和追求不是为了一己之私，而是为他人和社会谋利益。

2. 爱路护路、尽职尽责是铁路企业生存和发展的根本

铁路各岗位、各种设施或零部件之间密切相关。某一岗位，某一设施甚至某一零部件出现问题都可能造成重大事故，甚至造成运输中断，严重威胁人民的生命和财产安全，也直接影响到铁路企业的生存和发展。

提倡爱路护路、尽职尽责，也是对铁路职工进行爱国主义教育，培养职工爱国家、爱铁路、爱岗位、爱护国家财产的道德品质的有效途径。铁路的一切设施都是国家财产，同时又是铁路职工生产工作的必要条件。每一个铁路职工只有具备热爱祖国，热爱铁路，热爱本职工作的高度责任感和事业心，才可能尽职尽责地履行爱路护路的义务。对铁路职工进行爱路护路、尽职尽责的职业道德教育，也应该从爱国家、爱铁路、爱岗位的高度来要求。这样，才能使职工在爱路护路的实践中，形成高尚的道德情操，才能使爱路护路真正成为每一个铁路职工的自觉行动。

三、爱路护路、尽职尽责的基本要求

1. 树立爱路护路、尽职尽责的观念

爱路护路、尽职尽责是每个铁路职工应尽的道德义务，我们每个铁路职工都要不断提高对这一道德规范的认识，在思想上树立爱路护路、尽职尽责的观念，在实践中自觉做到爱路护路、尽职尽责。

爱路护路、尽职尽责的观念包含着铁路职工爱岗敬业的精神，包含着铁路职工对铁路事业的深厚感情，包含着铁路职工公而忘私、勇于献身的品质。归根到底，爱路护路、尽职尽责的观念就是一种主人翁责任感的表现。

主人翁责任感就是铁路职工认识到自己是企业的主人，并由此产生的一种迫切希望对国家、对社会、对企业负责，迫切希望为国家、为社会、为企业贡献的自己的力量，同时对一切破坏国家、社会和企业利益的行为疾恶如仇。树立爱路护路、尽职尽责的观念就要求铁路职工具备高度的主人翁责任感。尽职尽责地去爱护和保护铁路的

各种设施，义无反顾地同一切破坏铁路设施以及铁路生产秩序的行为作斗争。

2. 忠于职守、热爱本职工作

忠于职守、热爱本职是铁路职工爱路敬业精神的集中体现。忠于职守，就是忠实地履行职业责任，安心本职工作，对本职工作恪尽职守，诚实劳动，在任何时候、任何情况下都能坚守岗位。热爱本职工作，就是以正确的态度对待职业劳动，努力培养热爱自己所从事职业的幸福感、荣誉感。忠于职守、热爱本职是国家、社会、企业对每一个职业从业人员最起码的道德要求。职业从业人员只有忠于职守、热爱本职才能在工作中充分发挥自己的才智，做出成绩。

岗位职责是指劳动岗位的职能以及本岗位所应担负的责任。岗位职责一般包括岗位的职能范围与工作内容、在规定时间内完成的工作数量与质量、本岗位与其他岗位之间的关系等。它是我们做好本职工作的基本要求，也是评价或考核职工工作成绩的基本依据，更是每个职业从业人员对国家、对人民必须履行的义务。通过本职活动，不断增长知识，增长才干，努力成为多面手，做到全面发展。努力培育干一行、爱一行的职业精神。因为只有那些干一行、爱一行的人，才能专心致志地搞好工作。

 媒体链接

冯剑坚：追梦三尺台　驰骋万里路

春风又绿江南岸。在美丽富饶的长三角，一列高铁列车穿梭于城市走廊间。一位平头方脸的年轻人正站在驾驶室内，指导高铁司机驾驭钢铁巨龙一路驰骋。

2001 年从中国人民解放军驻香港部队退役，2002 年入路；2012 年，获全路技术能手称号；2014 年，获上海市"十大杰出青年"提名奖、上海市五一劳动奖章；2015年，获上海市劳动模范称号；2018 年，获全国五一劳动奖章，被评为中国铁路总公司优秀共产党员；2019 年，获全国模范退役军人称号。

他，就是上海机务段动车组指导司机冯剑坚，一位安全行车 330 万千米的高铁司机。

1. 身为党员，不但要做会开车的好手，而且要有敢担当的铁肩

2020 年初，受新冠肺炎疫情影响，中国国家铁路集团有限公司决定将上海虹桥经由武汉至长沙南的 G1772/1773、G1774/1771 次列车，调整为中国铁路上海局集团有限公司担当值乘。一份驰援武汉的倡议书随即在上海机务段工作群里发出。

关键时刻站得出来！危急关头豁得出去！冯剑坚第一个报名，随后又将按有红手

印的"请战书"递交给党组织。在他的带领下，全段有 136 名动车组司机踊跃报名，"请战书"持续"霸屏"。

尽管车型熟悉，可线路陌生。1 月 30 日清晨，冯剑坚带着另一名司机值乘试验列车驶出上海虹桥站。途中，他拍摄线路视频，详细记录合肥南至长沙南区段的线路坡度、站台长度、分相区段等关键信息。回到单位后，他顾不上 13 个小时连续值乘的疲劳，连夜组织培训，补齐整个驰援团队的业务短板。

2 月 1 日 6 时 30 分，在上海虹桥站 8 号站台，冯剑坚带领出乘组面对鲜红的党旗，庄严宣誓。17 分钟后，他驾驶着 G1772 次列车朝着武汉方向飞驰而去。

一晃，冯剑坚已跑了六个来回，一个多月没有回过家。妻子常常通过手机视频鼓励他。刚上小学一年级的女儿想念爸爸，就找来画笔，凭着想象画出爸爸戴着口罩站在动车组前出征的样子，并在这幅画旁边写道："爸爸您已经好久没回家了，我好想你呀！武汉加油！中国加油！"

冯剑坚义无反顾，带领团队驰援武汉的事迹吸引了多家媒体的关注。人民日报、新华社、中央广播电视总台等对此进行了报道。一位铁路诗人在得知冯剑坚和同事们的事迹后十分感动，当即写下："最美高铁司机，奔驰在辽阔的荆楚大地，祖国的山河处处可爱，岂能任冠状病毒肆虐横行；最美高铁司机，打赢疫情防控阻击战献爱心，精心操作安全正点，一路春风迎接黎明……"

"身为党员，不但要做会开车的好手，而且要有敢担当的铁肩。"面对同事和领导的赞许，冯剑坚的回答掷地有声。

2017 年 6 月，中国标准动车组命名为复兴号。冯剑坚作为机车乘务员代表见证了复兴号揭幕。在现场，他举起右手和其他机车乘务员代表一起庄严宣誓，内心热血澎湃。

"交通强国、铁路先行，仅我一身是铁，不如人人是钉。"冯剑坚深知团队的力量。他不断总结操纵经验，提炼驾驶技巧，主动和大家分享自己总结出的"八勤安全工作法"。为提高动车组司机安全风险防控能力，他专门编写《各线风险提示卡》，当作全段培训资料使用，撰写的《提高动车组司机列控非正常故障处理能力》课题报告获国铁集团"优秀质量体系成果奖"。

6 年来，冯剑坚与 24 名同事结成互帮对子，如今他们已全部考上技师，其中 5 名在局集团公司和全路职业技能竞赛中取得优异成绩，3 名考上高级技师。2019 年，段里把执教首批女动车组司机的重任交给他。如今，这批女动车组司机已全部通过副司机考试。安全行车 330 万千米的冯剑坚已成长为一名指导司机，负责指导班组的 25 名高铁司机安全出乘大江南北。

2. 只要努力，就有收获

剑锋何处得，唯有磨砺出。没有人生来就有一副铁肩膀，揭开冯剑坚的成长故事，人们更能体会到"种瓜得瓜，种豆得豆"的人生真谛。

2001 年，冯剑坚从中国人民解放军首批驻香港部队光荣退役，一年后，凭借着过硬的素质和顽强的作风，经双向选择，被上海机务段择优录取，如愿成为一名铁路职工。那一年，他26岁。

去单位报到那天，冯剑坚碰巧遇上一批火车司机来段参加业务竞赛，一问年龄，得知他们多数才20岁出头。再看看刚发到手的一本本规章和令人头皮发麻的柴油机管线图，他内心嘀咕道："年龄不占优势，又不是科班出身，自己能行吗？"

冯剑坚给自己打气，4年驻港部队生涯告诉他，只要努力，就有收获。他上班跟着师傅出乘学实作，下班一个人在宿舍背规章。为了提高动手能力，他常常来到检修库里，缠着师傅帮忙在机车上假设故障。

假设故障有成千上万种，柴油机室气温超过50℃，冯剑坚提着铁榔头钻进去，一待就是1个多小时。身上的迷彩服湿了干、干了湿。时间久了，师傅劝他出来透透气，可他不找出故障不罢休。2年后，在段组织的职业技能竞赛中，冯剑坚夺得了副司机组第一名。

2006年，三十而立的冯剑坚沉着走进晋升司机的全路统一考试考场，最终三门课得分均超95，理论测试过关。接着，他仅用25分钟成功排除6处假设故障，拿下实作考试，人生第一本机车"驾照"就这样到手。冯剑坚并没有满足，又经过3年努力，终于加入了我国第一代动车组司机队伍。

为了方便旅客乘降，高铁列车停站时与指定位置前后误差不能超过20厘米。冯剑坚抓住每次出乘机会，通过微调列车制动力和制动时机，观察停车位置的细微变化，摸索制动规律，一有新发现就赶紧记到本子上。时间一长，不同的车载弹簧压力环境下，每个车站哪个位置开始制动最佳、哪个位置从司机室内瞭望最容易判断、哪个位置是难点，全部"刻"进了他的脑子里。

2012年，冯剑坚走进全路职业技能竞赛赛场。开赛后，冯剑坚顺利拿下理论部分高分，实作比赛定在沪宁高铁。可是，就在他上车比赛前接到通知，比赛列车被临时更换，计划停靠的苏州站由7道改为3道、上海西站改为上海站。

冯剑坚定了定神，列车随后按时从无锡站启动。一路上，他呼唤应答、运行时速、制动机使用等核心项目——拿下高分，17分钟后，"一把闸"撂下，列车准点停靠苏州站。身后的2名考官拍表一算，实际停车时间与运行图理论时间仅差5秒，再下车拉开卷尺一量，停车位置误差不到1厘米。26分钟后，列车同样完美停靠上海站。

十年磨一剑。理论、实作综合成绩揭晓后，冯剑坚从上百名选手中脱颖而出，荣获"全路技术能手"称号。

3. 只有内心追求完美，活才能干到极致

在高铁列车高密度、公交化开行的长三角地区，司机的交路多为大轮乘，一人一天下来，往往需要驾驶多种车型，跑好几条高铁线路。要开好每一趟车，拥有良好的"车感"、心理素质同具备过硬的驾驶技能同样重要。冯剑坚向自己发起挑战，在开车作业中不断锤炼自己。

京沪高铁和杭甬高铁联调联试期间，冯剑坚主动请缨，自己驾车一天跑了20多

个往返，参与多种复杂试验，有时甚至关闭控车软件，目测驾车、手动控速。参加2条高铁联调联试工作，锤炼了冯剑坚胆大心细的性格，使他成为段里为数不多能开8大类24种车型的全能型司机。在熟练掌握每种车型驾驶技能后，冯剑坚又开始琢磨每条交路的细微差别，利用每次出乘反复加深记忆，最终对全段5 908千米高铁交路、175个停站、356个关键点做到了如指掌。

冯剑坚感言，单人值乘，列车飞速行驶中遇到突发情况时，绝对不能模棱两可，必须当机立断，丝毫的迟疑都有可能闯下大祸。

2013年冬，一场大雪突袭了京沪高铁沿线。为了确保行车安全，上级决定对济南西站以南的部分区段实施临时封锁。当天18时许，线路封锁解除，冯剑坚驾驶着列车以时速160千米第一个驶入解封区段。寒风夹着冰冷的雪花拍打着车底，很快将速度传感器包裹得严严实实，不一会儿，列车恒速功能出现异常，无法正常使用。19时20分，运行中的列车因控速不稳，第一次触发紧急制动。

此时，一处接触网分相区段就在前方不远处，列车一旦停在其中，就会因失去电源无法重新启动，只能等待救援。冯剑坚临危不乱，死死盯住在机头大灯前瞬间闪过的线路公里标，果断进行处置，列车成功驶过分相后安然停下。接着，第二次、第三次……冯剑坚独自一人，挥舞着右手，时而指向前方确认，时而振臂握拳提醒，一路上手动控速，经历8次紧急制动，每一次都化险为夷。次日3时许，列车按照运行计划准点驶进上海虹桥站，冯剑坚此时才发现，自己的上衣早已汗湿。

冯剑坚临危不乱、当机立断，很快成为全段的名人。2013年，他被调往上海机务段动车信息台值守，负责为全段高铁司机上线跑车提供应急处置远程技术支持。

2016年暑期，上海虹桥动车运用所内，一列动车组整备作业完毕，10分钟后将前往上海虹桥站载客上线。不料，当班司机在非牵引端检查时发现，列车处于紧急制动状态，一时找不出原因，随车机械师赶到后，两人协同查找，仍一头雾水。

接到求助，详细听着故障描述，冯剑坚果断判定为动车操纵端紧急制动没有缓解。眼看着开车时间马上就到，他撂下电话，直接骑着电瓶车冲到库内，登上车头，问题迎刃而解，列车随后正点出库。

5年多来，冯剑坚凭借着过硬本领，通过远程指挥，成功处置各类故障4 000余起。面对纷纷前来取经的同行，他发自肺腑地说："只有内心追求完美，活才能干到极致。"

图3-9　追梦三尺台　驰骋万里路

追梦三尺台，驰骋万里路。正如他的名字，冯剑坚一路披荆斩棘、攻坚克难。他带着美好的人生梦想，值乘着动车组列车，前行在万里铁道线上。

（资料来源：《人民铁道》报）

复习思考题

1. 尊客爱货、热情周到的含义是什么？
2. 如何做到尊客爱货、热情周到？
3. 遵章守纪、保证安全的含义是什么？
4. 如何做到遵章守纪、保证安全？
5. 如何做到团结协作、顾全大局？
6. 爱路护路、尽职尽责的基本要求是什么？
7. 根据自身实际谈谈如何做到艰苦奋斗、勇于奉献。

模块四　铁路职业素养

学习目标

掌握铁路职工应具备的职业意识，把握铁路职业素质要求。

案例分享

勤于思考，积极创新

作为一名铺架机械操作工，他操作着架桥机为中国的铁路事业铺筑条条长龙，架通了人民群众通向美好生活的幸福之路。作为一名中铁精神传承者，他用劳模精神激励着众人，培养着一批批技术骨干，走出了专业化人才感恩报企的建功之路。作为一名光荣的共产党员，他用理想与初心把自己浇铸成为使命担当的模范，行进于筑梦美丽中国的康庄大道。

他就是全国劳模、全国五一劳动奖章获得者李建学。一项项荣誉、一个个光环，让他成为企业的楷模、行业的标兵，但他奋进的脚步始终没有停止，而是一如既往地在岗位上深耕细作、恪尽职守，用脚踏实地、奋勇拼搏的精神续写着新时代开路先锋的赞歌。

2008 年，20 岁的李建学到中铁六局参加工作，初出茅庐的他，来到施工一线，第一次看到长 54 米、高 6 米的架桥机和承载 900 吨重量的运梁车时惊呆了。在他眼里，师傅手里的图纸，就是天书；堆积如山的材料，如同登天。

他暗自下定决心：文凭可以低，但文化不能低；起点可以低，但要求不能低。得益于企业成熟的导师带徒机制，刚进入企业，他就与金牌员工王振全签订了师徒协议，这让求知若渴的李建学找到了提升自己的方向。师傅教得认真，他学得仔细。在工作服口袋里，他一直装着一个笔记本，遇到不懂的地方，他就随问随记，下班后再对照书籍研究问题，身上的工作服磨破了一身又一身，但是装笔记本的位置从未变过。功夫不负有心人，他仅用了3个月就掌握了平常人要花1到2年时间才能掌握的架桥机维修、组装和拆解技术，不到1年的功夫他俨然成为工友眼中的"老手"。多年来，他的笔记积累了30多本，超过60万字的心得体会让他成为公司里名副其实的"学霸"！

铺架施工就是逢山开路、遇水架桥，所到之处，大多鲜有人迹，条件异常艰苦。但在李建学的字典里，从没有"怕苦"二字。在他看来，只有在烈火锤炼中成长起来才能从容应对一切险阻和考验，才能够在急难险重的关键时刻顶得上，打得赢。在工地上，他永远是冲锋在前的排头兵，在最艰苦的环境中，在最棘手的问题前，总能看到他的身影。

一次又一次，他勇敢打破常规，让"死"的工序活了起来，而且变得更加精细。他发明了"电机定时反转法"和"间断开启升温法"，成功破解了液压油在低温环境中堵塞溢流阀的难题。他还提出了"无轨组装架桥机法"，在古大线、石家庄货迁、北同蒲增建四线等重点工程中均取得了成功。

"雄关漫道真如铁，而今迈步从头越。"面对昨日的成绩，李建学选择了淡然面对，他说：我只是做了自己分内的事，却给了我这么大的荣誉，受之有愧！我深深感谢组织和大家对我的厚爱和支持！

不忘初心，继续前进。如今，他将奖章和证书压在箱底、将理想和责任挂在心头，继续在施工生产最前线履职尽责，践行新时代开路先锋的铮铮誓言，为中国的铁路建设事业默默地奉献着青春的人生，他的奋斗经历正激励着企业基层广大技能人才不断比学赶帮、努力成长。

图 4-1 铁路桥梁

单元 1　铁路职业意识

职业意识是人们对职业劳动的认识评价、情感和态度等心理成分的综合反映，是支配和把控全部职业行为与职业活动的调节器，包括创新意识、竞争意识、协作意识和主动意识等。

一、职业意识的含义

简单来说，职业意识就是人们对于职业的各种看法的总和。职业意识在人的成长过程中起着非常重要的作用。无论是个人职业素养的形成、个人品德的发展还是个人职业生涯的规划都与一个人的职业意识有关。

正确看待职业意识，我们可以从这两方面入手：首先，从心理层面入手。职业在心理层面上强调的是个体的意识，包括个体对自身从事职业的看法、态度，也包括个体在从事职业的过程中出现的竞争合作意识、创新创业意识还有追求效益的意识等。其次，可以从社会层面上来看职业意识。从社会层面上看，职业意识已经脱离了个人的层面上升了到了社会的层面，成为全社会普遍认可的意识。社会层面的职业意识包括爱岗敬业、奉献社会、服务群众等。职业意识的觉醒与升华就是大国工匠的本质精神。

二、职业意识的功能

1. 职业意识对职业人的职业发展具有主导性作用

职业意识有利于个体形成爱岗敬业的高尚情操，职业意识是主体发挥创造性的主观条件，职业意识对个体人生观的形成具有重要意义。

2. 职业意识是组织可持续发展的保障

与具体职业相关的职业意识，是对具体职业在长期建设、发展过程中所形成的管理思想、管理方式以及与之相适应的思维方式和行为规范总和的反映。企业管理的核心是对人的管理，经历了从注重劳动结果到强调规范员工行为再到注重培养员工职业意识的转变。培养职工职业意识是推进企业竞争力提高、促进企业经济效益增长的战略性举措。

3. 职业意识是建立和谐社会的重要途径

在市场经济条件下，建设和谐社会除了发展社会主义民主、健全社会主义法治、践行社会主义核心价值体系外，还包括从职业发展的内在需要入手，大力提倡正确的职业意识。

三、铁路企业职工应具备的职业意识

1. 责任意识

从法律角度看，对任何一个社会人来说，权利可以放弃，但是责任和义务必须履行，对于即将步入职场的人更是如此。一方面，承担自己的责任，不能让自己的责任成为别人的负担，影响整个团队的效率；另一方面，不能推卸责任，应筑起责任划分的堤坝，不应对责任交叉和责任空当置若罔闻，毫不关心。

人生在世，每个人都要扮演一定的角色。在社会当中，作为国家的一个公民、社会的一名成员，都有自己的岗位和职业。无论哪种角色，都相应地有一份职责要求，需要尽职尽责做一个负责任的人，对自己的职业负责、对社会负责、对国家负责。

人生的境界、人活着的意义，往往由于其责任感的不同、履行职责的不同而划分出不同的层次。责任感既是一种高尚的情操，也是一种平凡的精神；既表现为在关键时刻挺身而出，也融合、渗透在人们日常的工作和生活中。

2. 安全意识

铁路运输是我国广泛采用的一种安全、快速、舒适、无污染且运量大的运输工具。在运营过程中，要求各个环节、各个部门相互配合，紧密联系，互为整体。行车安全不但关系到整个铁路系统的正常运作，而且关系到广大旅客的生命安全、国家财产的安全，所以安全是铁路的生命线和效益线。作为铁路职工应该树立"安全第一、预防为主"的安全意识。

安全是铁路运输相对其他交通方式很重要的优势之一，尤其是高速铁路开通运营以来，安全事故率一直维持在较低的水平。铁路部门在长期的实践中形成了一套行之有效的安全管理体系，尤其是近年来逐步推广应用安全风险管理的方法，安全管控能力得到了进一步强化。

风险是指事件未来可能结果（损失或收益）发生的不确定性。一般来说，风险就是指危险、危害事件发生的可能性与后果严重程度的综合度量。隐患是指违反安全生产法律、法规、规章、标准、规程和安全生产管理制度的规定，或者因其他因素在生产经营活动中存在可能导致事故发生的物的危险状态、人的不安全行为和管理上的缺陷。它是超出了人们设定的安全界限的状态或行为。隐患能否导致事故，主要取决于它所处的环境和状态。

风险广泛存在于社会生产、生活之中，是客观存在的，但是有些风险是人们可以接受的。隐患是事故的根源，是一种不正常状态，是不可接受的。

风险管理是指通过持续的危险源辨识、评估、控制的风险管理过程，将人员伤亡、财产损失、环境破坏的风险消除或降至并保持在可接受的水平或以下。

在铁路运输生产中，安全风险管理是指为了降低风险可能导致的损失所进行的风

险识别、风险分析、隐患判别、风险评价、制定并实施相应的风险对策与措施的全过程。铁路安全风险管理基本流程如图 4-2 所示。

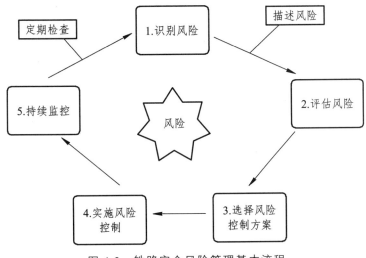

图 4-2　铁路安全风险管理基本流程

3. 服务意识

很多企业都会谈到员工的"服务意识"这一概念。服务意识是指企业全体员工在与一切和企业利益相关的人或企业的交往中所体现的，为其提供热情、周到、主动的服务的欲望和意识，即自觉主动做好服务工作的一种观念和愿望，它发自服务人员的内心。

服务意识有强烈与淡漠之分，有主动与被动之分。认识深刻就会有强烈的服务意识。有了强烈的展现个人才华、体现人生价值的观念，有了以公司为家、热爱集体、无私奉献的风格和精神，就会有强烈的服务意识。

高速铁路客运服务，狭义上讲，是指高速铁路客运人员与旅客接触过程中所产生的一系列活动的过程及其"结果"。"结果"的核心是旅客自身感受，包括时间上的感受、感官上的感受等，通常是无形的。为实现服务质量控制和提升，以旅客需求为出发点，可实施客运服务"人因工程"。"人因工程"是一门深入了解和理解人与系统中的各个组成元素之间如何产生相互关系的学科。强调的是人作为系统中心因素的重要性，体现的是以人为本的思想本源。

人因工程的研究目的在于从人体的生理需要出发，注重环境与人体的自然要求的相互吻合性，增加人体在环境中的"自然舒适性"。

基于人因工程的思想本源和研究目标与国铁集团"以人为本"服务理念的高度一致性，各铁路企业将人因工程的概念引入高速铁路客运服务领域，希望通过人因工程的实施，来促进高速铁路客运产品本身更"体贴和善解人意"，满足旅客高品质出行方面的需求。

由于铁路客运服务本身具有无形性，在旅客消费客运产品的过程中，铁路一般通过有形的服务场景以及旅客和服务人员之间的接触，将无形的服务展示给旅客，从而实现对旅客感官的有效刺激，并影响旅客对服务的评价。结合铁路客运服务的特点，可以将客运服务中的人因工程要素从"五觉感知""全面环境""内在反应""应急行为"等方面进行细化分类，客运服务中的人因工程要素具体如图4-3所示。

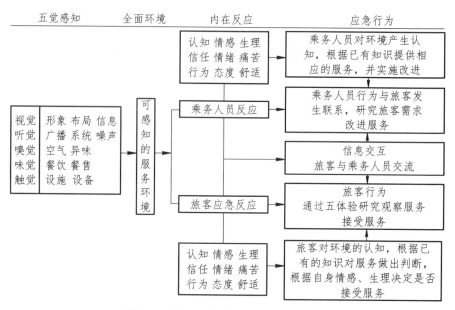

图4-3　客运服务中的人因工程要素

铁路企业围绕"五觉"，即视觉、听觉、嗅觉、味觉、触觉五个方面，开展了广泛的研究探索，来推动高速铁路服务质量的提升，是主动服务意识的重要体现。

4. 细节意识

"不积跬步，无以至千里。不积细流，无以成江海。"成功从来都不是一蹴而就的。成功是一个不断积累的过程，对待小事、对待细节的处理方式往往反映了一个人的工作态度。应该积极面对，脚踏实地，无论什么工作都尽心尽力完成。再大的事都必须从小事做起，先做好每件小事，大事才能顺利完成。忽略一个细节往往会铸成人生大错，会造成事业之危；而一个细节的讲究，可能会让企业兴旺发达，成就辉煌的事业。

查验车票是动车组乘务人员与旅客之间的高度接触行为，在查验票过程中需要进行言语的交流。需要对流程进行精心设计，在完成查验车票任务的同时，尽可能减少对旅客的干扰，并保证效率。

采取精准验票的方式，利用 GSMR 手持终端进行选择性验票。只对未售席位、已售的学生票和残疾军人票等减价席位、中铁银通卡席位、无座旅客等定向查验车票，减少了 95% 以上的验票作业量，既提升了作业效率，又降低了对车厢旅客的干扰。精准验票作业，避免重复干扰体现了铁路客运服务的细节意识。

5. 客户意识

什么是"优质服务"？这是服务业一直在探寻的话题，可能 100 名员工会有 100 个不同的答案，100 位客户也会有 100 个不同的答案。但无论时代怎么发展，服务业如何变化，真诚与耐心地为客户考虑一切，以客户为导向，是服务恒久不变的精髓。这就是为什么勤能补拙，"耐心"同样也能补拙的道理。

服务永无止境，树立铁路企业品牌需要所有员工优质的服务。一个企业的发展靠的是先进的技术、高标准的质量和贴心的服务，我们要微笑面对竞争，微笑面对服务，微笑面对每个客户。

铁路工作人员回答客户问询、处置问题的过程中，要面向客户回答，耐心而热情，解答时简洁准确，注意礼貌、得体。在处理客户投诉时，要做到冷静、耐心倾听，不使矛盾激化。

6. 沟通意识

沟通是一门艺术，是铁路企业从业人员不可或缺的能力。对于大多数服务者来说，沟通能力往往是服务工作成功的一个阶梯，标志着成功了解客户的需求，并给予良好的反馈，如此往复不已，才能推动服务工作不断跃上新台阶。在现代服务业竞争日益激烈的今天，铁路职工要用自身良好的服务素质与行动使客户有真正被尊重和重视的感受。

沟通其实是一种现实哲学。需要是沟通人生的源泉，倾听是提高沟通效果的保证，人格魅力是沟通人生的基础，双方共赢是沟通人生的原则，情绪的正确表达与调节是沟通人生的条件。把这些理念运用到实践中是需要不断尝试，更需要不断地总结，这样才能达到先知先觉的境界。

公共区域不大声喧哗，是最基本的社会公德之一。但也存在因旅客忘记、疏忽等因素，在车厢内大声接听手机、大声说话等情况。处理上述问题时，乘务员一般采取低调友善提醒的办法，到旅客旁边用婉转的语言劝其戴上耳机或者把声音尽量调小，或劝其尽量到连接处接听手机，或劝阻其小声说话。劝阻过程中声音适当，避免造成旅客尴尬。同时在列车广播内容规范中，增加"请爱护公共环境，不要在车厢内大声喧哗""请不要在车厢内脱鞋、吃异味食品"等提醒内容，维护车厢内清雅、安静的服务环境。旅客的声音控制需要客运乘务人员良好的沟通意识。

7. 竞争意识

作为企业员工，必须懂得入职竞争、岗位竞争、服务竞争、生存竞争是无处不在的。作为新时代的员工必须具有强烈的竞争意识和敬业意识，努力熟悉本岗位的工作程序、设备的操作方法，做好规范化、标准化、细节化服务，形成客户至上、一丝不苟的工作作风。只有竞争意识强、学习欲望高的员工，才能在竞争激烈的社会中不断提升自己、充实自己，才不至于遭到社会的淘汰。

一个企业就是一个团队，这个团队能否在竞争中屹立不倒，很大程度上取决于团队成员之间的分工协作、相互配合是否发挥出了巨大的能动作用。不管是企业还是个人，在竞争中取胜的最好办法都是提高自己的竞争意识。作为一名员工，要增强对竞争的认识，要有一种比竞争对手做得更好的意识，在脑海里扎下竞争求胜的根，敢于竞争、善于竞争，这样才能在企业的竞争和发展中有所作为。

8. 短板意识

众所周知，木桶是由许多块木板箍成的，盛水量也是由这些木板共同决定的，若其中一块木板很短，则此木桶的盛水量就被短板所限制，这块短板就成了这个木桶盛水量的"限制因素"，若要增加此木桶的盛水量，只有换掉短板或将短板加长。

人们把这一规律总结为"木桶原理"或"木桶定律"，又称"短板理论"（如图4-4所示）。

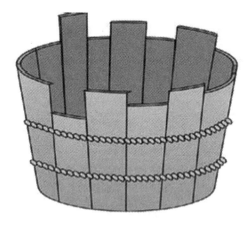

图 4-4　短板理论

人要有短板意识。如果个人在哪个方面是"最短的一块"，应该考虑尽快把它补起来。如果所领导的集体存在"一块最短的木板"，也一定要迅速将它做长补齐，劣势部分往往决定着整个组织的水平，劣势决定优势，劣势决定生死，这是市场竞争的残酷法则。

动车组列车厕所主要分为坐便式马桶和蹲式两种类型（如图4-5所示）。近年来，在投入运营年限较久的动车组列车上出现了异味比较严重的情况。厕所异味是影响旅客乘车体验的重要因素，铁路企业为解决这一突出问题，组织了专题的技术攻关，首先进行了异味源调查，然后进行攻关整治。

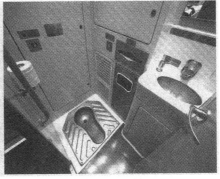

图 4-5　动车组列车厕所环境

为了补齐动车组列车厕所异味这个客运服务短板，铁路企业从硬件和软件两方面进行研究和改进，主要是厕所设备设施和日常保洁管理的改进和优化。

故障排查处置：针对厕所异味故障，由动车段做好故障的排查和处置，对于动车组厕所阀门管路密封不严、卡箍松动等故障实时处理，其他故障利用高级修完成。

设备更新改造：对存在明显缺陷的车型厕所集便器进行改造。利用四、五级修进行厕所改造，并结合高级修接车做好改造确认及技术履历更新。

地板布整治更新：对异味严重的重点车型厕所地板布鼓泡、破损、开裂等问题，由厂家进行更换，在铺设新地板布前，由专业保洁对地板内的残存污渍进行彻底清除，消除异味源。

废排风机处置：对各型动车组废排风机工作状态进行监控，对工作不良的废排风机进行处置和改造。

污物箱冲洗改进：对部分车型厕所污物箱及管系积垢严重产生异味的问题，通过加密厕所污物箱冲洗频次，每两次二级修间增加一次污物箱冲洗工作，研究改进集便系统除垢方法实现。

推进动车组列车库保系统使用：借助信息化技术，推广使用库保系统，厕所保洁而引起的异味问题可直接通过库保系统反馈，针对反馈问题制定有效的保洁作业举措，减少问题反馈的中间环节，有效促进保洁作业效率的提升，并提高作业针对性。

9. 创新意识

创新意识缔造核心竞争力。科技创新能力的重要性已经获得了普遍的社会认同，甚至已经成为人才取舍的标准之一。要想在求职过程中觅得一个理想的职位，培养自身创新能力是关键因素之一。只有具备独特的创新意识，才能赢得成功。

单元 2 铁路职业素养

铁路职工具有特别能吃苦、特别能战斗的优良传统，在我国社会主义建设中做出了突出贡献，经受了严峻的考验，也得到了全社会的广泛认可。在新的历史条件下，市场竞争日益激烈，对铁路从业人员的职业素质提出了更高更严的要求。

一、铁路职工职业素养的内容

1. 政治素质

铁路作为国家综合交通运输体系中的骨干，在我国经济社会发展中肩负着极其重要的责任，发挥着举足轻重的作用。"人民铁路为人民"这一宗旨决定了铁路具有多重属性，要求铁路企业的生产活动达到以下几个目标。（1）国家目标，即完成国家规定的货物运输计划。例如煤炭、石油、粮食、化肥等重点物资以及抢险救灾物资和军用物资等的运输，满足经济社会发展和人民群众生产生活对铁路运输的需要。（2）企业目标，即取得一定的经济效益，维持企业的正常运转。只有提高铁路自身的经济效益，不断改善职工的生产生活条件，才能增强企业的凝聚力和向心力，吸收大量优秀人才，提高铁路职工队伍的整体素质，为实现良好的社会效益提供人才支持和物质保证。（3）社会目标，即通过运输生产活动，为社会提供更多更好的服务。例如，每到春耕时节，铁路大力组织运力运送种子、化肥、农药等支农物资；每到夏季用电高峰，铁路即组织集中抢运电厂发电用煤，满足各大企业和城乡居民用电；每到7、8月，铁路都加开摘棉农民工专列，方便摘棉农民工顺利进出新疆；每到节假日，铁路又加大节日物资运输力度，全方位满足社会对铁路运输的需求。

因此，作为一名铁路职工，首先在政治上要爱国爱路，要有高度的责任感和使命感，要有强烈的大局意识，一切从国家和人民利益出发；要敬业爱岗，忠于职守，顾全大局，对人民负责，在突发事件中能以党和人民的利益为重。

2. 业务素质

随着铁路的大规模现代化建设，新技术、新设备的逐步应用，现场职工的业务技能和实作内容急需更新，这就要求现场职工在掌握新技术规章、熟练操作新设备的基础上，不断实现自我提升。必须从制度建设、严抓落实和强化管理几个方面入手，认真做好现场调研、制订计划、明确目标、分步实施、扎实推进；借助激励杠杆，分级落实职责，推动流程再造，实现现场职工学习效果好、掌握规章牢、实作技能强的目标，为铁路现代化建设扫清人员素质不适应的障碍，为现场作业安全奠定坚实的人员素质基础，实现铁路又好又快发展。

3. 工作作风

铁路具有点多线长、流动分散、全天候、露天作业的工作特点。全路职工必须流动作业，风餐露宿，其中有一部分职工需要远离集体独立作业，沿线饮水、吃饭、洗澡、就医、子女入学入托都比较难，文化生活单调，这就要求铁路职工必须不怕困难，吃苦耐劳，安心本职，甘于寂寞，在"急、难、险、重"任务面前知难而进，雷厉风行；在工作作风上，要做到"严、细、实"，严格要求，一丝不苟，顽强拼搏。

4. 法纪素质

铁路安全责任重如泰山，直接关系到国家和人民生命财产的安全与社会的稳定，牵系着千家万户的幸福。安全不稳，局无宁日，路无宁日。为了维护正常的铁路运输秩序，铁路部门制定了《铁路技术管理规程》《铁路行车组织规则》《车站行车工作细则》等一整套严密的规章制度。这些规章制度都是铁路职工在长期运输生产实践中经验的结晶，也是安全生产过程中历次重大事故血的教训的凝结。铁路各工种通过这些规章制度进行协调，各岗位职工也必须通过规章制度来规范作业行为。作为一名铁路职工，必须要有法纪意识，要自觉遵守国家的法律法规，知法守法，依法办事，按章操作，令行禁止。

二、提高铁路员工职业素养的途径

1. 在学习中充实自己，不断提高自身素质

（1）加强政治理论学习。

科学理论是行动的指南。为了做好工作，要学习中国特色社会主义理论体系和习近平总书记的系列重要讲话精神，学习党和国家的方针政策、法律法规，学习铁路有关文件规定，明确当前和今后一个时期的主要任务，用正确的理论武装头脑，分清是非，明辨事理，不断提高分析问题和判断问题的能力，保持清醒的政治头脑。要学习铁路各个时期先进典型和模范人物的事迹，继承和发扬铁路优良传统，大力弘扬爱国主义、集体主义、社会主义思想，遵守铁路职工职业道德规范，树立正确的世界观、人生观、价值观和荣辱观，增强爱岗敬业、遵章守纪、吃苦奉献的自觉性。

（2）不断钻研专业知识。

珍惜专业学习机会，熟悉和掌握铁路的各项规章制度，熟悉和掌握车、机、工、电、辆等不同专业基本理论、基本知识和基本技能，为做好铁路工作打牢坚实基础。

（3）掌握科学文化知识。

掌握一定的科学文化知识，既是干好铁路工作的基础，又能体现一个人的学识修养。作为一名铁路职工，如果没有必备的科学文化知识，就难以做好本职工作，甚至不能履行起码的职业责任。

2. 在实践中磨炼自己，立足岗位锻炼成才

随着铁路现代化的不断推进，铁路技术装备和科技水平不断提高。作为一名现代铁路职工，不但需要扎实的专业理论知识，更需要熟练掌握实际操作技能。我们要利用一切实践机会，认真学习作业标准，熟练掌握实际操作技能。要虚心向老师傅学习，在实际工作中不断充实自己、丰富自己、完善自己，立足岗位锻炼成才。

3. 在发展中完善自我，自觉塑造完美人格

（1）讲理想。

理想、是人生奋斗的精神支柱。国家的发展、民族的振兴、企业的兴衰与个人命运紧密相连。我们只有把个人的命运与祖国的命运、企业的命运联系在一起，才能实现人生的最大价值。我们党确定的马克思主义指导思想、中国特色社会主义共同理想、以爱国主义为核心的民族精神和以改革创新为核心的时代精神、以社会主义荣辱观为基本内容的社会主义核心价值体系，是全党全国各族人民团结奋斗的共同思想基础。每个铁路职工都应以这一核心价值体系为目标，艰苦奋斗，顽强拼搏、无私奉献，在推进铁路建设的伟大事业中建功立业。

（2）讲责任。

事业心和责任感是一种精神境界。有理想、有道德、有文化、有纪律都与责任相联系，都通过履行责任来体现、来升华。敬业才能成就事业，尽责才能赢得尊严。每个人只有在全面履行责任的过程中，才能使自己的能力得到充分的挖掘和发挥；每个人只有在推动社会的进步中，才能实现自身的发展。讲责任，体现着生活的价值。勇敢地担负起自己的责任，人生才会充实，生活才有意义。

（3）讲服务。

人生的价值在为人民服务中实现，生命的意义在为人民服务中升华。个人因为人民服务而高尚，社会因为人民服务而温暖。铁路职工从一句热情的话语、一个友善的举动，从应该做、能够做的一件件小事做起，自觉做好服务工作，不断提升服务质量，努力营造一个个热情服务的文明窗口，为形成整个社会良好道德风貌的大环境做出应有贡献。

（4）讲奉献。

奉献是一种真诚自愿的付出行为，是一种纯洁高尚的精神境界。奉献，既是做人

的基本品质，又是个人全面发展的内在要求。对绝大多数铁路职工来说，奉献是日复一日、年复一年的岗位实践。

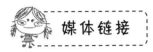 **媒体链接**

在阿拉善的"生命禁区"，有一群比胡杨还要坚韧的人

在这里，一阵旋风起，道路难寻觅，天上无飞鸟，地上不长草，十里一个人，风吹石头跑；在这里，夏天像火烤，冬天像冰窖，一年不下雨，半年沙尘暴。这里是神奇而又广袤的苍天圣地，是生命禁区，这里就是内蒙古阿拉善盟大漠戈壁。

有内蒙古"青藏铁路"之称的临（河）策（克）铁路，东起（北）京兰（州）铁路通道临河站，西至中蒙边境策克口岸，途经内蒙古两个盟市的七个旗县，是贯通中国华北至西北的铁路运输大通道，是推动民族地区经济社会发展的大动脉，被当地人奉为"天路"。

同时，该铁路线穿越我国西部乌兰布和沙漠和巴丹吉林沙漠两大沙漠400多千米的无人区，沿线气候极端、极度干旱、常年飞沙走石，堪称中国沙漠铁路的"第一线"。

中国中铁六局呼和铁建公司负责维管临策铁路。500余维管人常年坚守在这人迹罕至的沙漠戈壁，守护着768千米线路、18座车站、249座桥、169组道岔、1231座涵洞明洞和2座隧道的安全。在零下三四十度的寒冬，他们铲冰除雪，防止线路道岔被冻；在烈日暴晒的炎夏，他们清理侵线的沙石，还要随时应对暴雨水灾、龙卷风对线路带来的侵害。

七八月份，焦金流石的"烤"验又一次来临。中国中铁六局呼和铁建公司维管人与胡杨为伴，一如既往地活跃在戈壁沙漠上，穿梭在钢轨线路间，守护这条"天路"的安全。

1. 铮铮铁汉战骄阳

室外温度已接近40摄氏度，地表温度50多摄氏度，线路设备有时会达到60摄氏度，他们至少经历暴晒180分钟，只为寻找那些误差只有几毫米的线路病害。维管人身着"黄马褂"，拿上道尺，扛起捣固镐、方枕器，推着电动扳手，每天准时出现在铁路线上。

炙热的光线像针一般刺在他们身上，让裸露的皮肤隐隐作痛，走在"上烤下烙"的铁道上，热气顺着裤腿往上蹿，再加上机具设备散发的热量，豆大的汗珠不停地从脸庞滑落到钢轨上，瞬间就不见了。工作服如同被水泼了一般紧贴在身上，隔几分钟就要拿起毛巾擦拭一下被汗水迷糊的双眼，防止影响到眼前的检修工作。

"感觉天地间就是一个大蒸笼，空气中除了焦躁没有一丝风，压得人喘不过气。天上没有云、没有鸟，只有一顶大太阳，地上的钢轨似乎都要被晒化了，踩上去都粘鞋，如果裸露的皮肤不小心碰到了，立马就会被烫起一个泡。那个热呀，能直接烤熟鸡蛋。"现场技术员如是说。

就是在这样的环境下，他们仍要保持高度警觉，一丝不苟，每走几步就要弯下腰弓起背，用蹲不蹲站不站的姿势小心移动检查钢轨，这一巡查往往就是7、8千米，要处理几十处线路病害。

一天下来腰酸背痛，就连吃饭都要"猫"着腰，却没有听到一句"受不了"，更多的则是听他们自己讲述："经过这几年的精心维修，线路质量得到了保障，有时可能检查个3、5公里都很难找到病害，所以有些限速地段取消了，有些正常行驶的地段提速了。"一想到这里，他们便乐呵呵地互相打趣："太阳这么大，我们的能量也不小哩！"

2. 无人区里抗洪灾

戈壁，在蒙语中意译为"难生草木的土地"，平时干旱少雨，一旦遇到暴雨极易引发洪水，浊浪翻滚漫溢，转眼间就变成一片黄色汪洋，肆意席卷着地面上的一切。

2019年7月，内蒙古多地遭受暴雨洪灾，临策铁路500多千米的线路路基道床受到冲击，砂石流将涵洞掩埋，多处桥涵护锥塌方，导致全线停水、停电、火车停运。面对险情，中国中铁六局呼和铁建公司第一时间成立起现场抢险救灾指挥部，500多名员工自发请愿参加抗洪抢险，以车间为单位迅速组建了5支抢险突击队，紧急抽调数十台机械设备，人机配合分区域进行抢修。

"那天，洪水把道路彻底冲毁了，车辆无法通行，抢险设备和物资无法运输，我们的员工二话不说直接跳进了洪水之中，蹚着齐腰深的大水，一趟又一趟地搬运救灾设备和物资，硬是在7天内，筑起了道道结实的防洪坝。"回忆起当时救灾情景，临策维管段安质部部长孙彪记忆犹新。当时正在发着高烧的孙彪，连夜带病从老家医院赶了回来，药也没顾上吃就直奔抢险现场，与抢险队员一道共战洪魔。

抢险中，53岁的线路工班长徐大钧带头跳进洪水。面对翻滚污浊的洪水，他将绳索一头系在腰间，另一头拴在钢轨上，第一个跳进洪水中，甩手将沙袋、石碴袋扛到肩头，这一扛就是24小时，身上的皮肤泡肿了，脚磨破了，腿时不时抽筋……"这样的抢险持续了20多天，吃住全在现场，暴雨倾泻无处躲避，就冒雨蹚着水继续堵豁口；一旦放晴，毒辣的太阳能把身上扒层皮；起风了，沙尘暴漫天卷地，黄天黄地黄土人，那劲头一辈子忘不了！"徐班长回忆道。

面对极端天气，中国中铁六局呼和铁建公司维管人迎难而上，头顶烈日、足蒸暑土，淋暴雨、抗洪水，靠着不屈的毅力恢复了损毁的铁路线，打通最后一公里，确保了铁路线的安全畅通，轨道上再次响起了火车的汽笛声。

3. 护卫线路搏沙暴

沙尘暴袭来，天地笼罩在一片黄色中，呛得人无法呼吸，吹得睁不开眼睛，黄色衣服与漫天的黄沙刹那间混为一体，让人难以分辨。

在一次更换钢轨的作业中，突然刮起了沙尘暴，面对漫天的黄沙，中国中铁六局呼和铁建公司临策铁路苏宏图车间主任刘军做着战前动员："今天天气异常恶劣，但也是线路出问题的高发期。我们365天战高温、斗严寒、抗洪水，还能被这沙尘暴吓退了？刚好，利用这场沙尘暴机会，我们大家比试比试谁的眼力更好，谁的听觉更灵敏，谁的业务水平更高。"队员们纷纷戴上护目镜、面罩，迎着沙尘暴走上铁路线，拆卸、更换有问题的钢轨。

但作业现场的情况远比预计的情况更糟糕。"狂风携裹着砂石，吹得睁不开眼，现场指挥沟通一说话就是一嘴沙子，能见度极低，现场交流必须把对讲机贴在耳朵上才能听清，联系只能靠感觉摸索过去交流。"党支部书记王云柱说。

在如此环境下，队员们熟练地拆卸螺栓、夹板、胶垫，靠着多年磨合的默契，齐心协力用肩膀完成几百斤新旧钢轨的拆换。在钢轨精调过程中，维管人员俯下身子测量，"轨距0、水平0，轨距+1，水平0"，直至确认最后一毫米的轨距，最后一颗螺母是否拧紧。

除了负责铁路线路维管，中国中铁六局呼和铁建公司维管人还负责解决沙害线路的威胁。他们在铁路沿线设置了1个桥梁治沙车间和10个治沙点，分兵布阵，协作管理，加强防沙治沙。他们在铁路沿线编织防沙网格，在低网格内种植梭梭草、沙棘等耐旱植物，筑起了沙漠特有的防沙固沙障，有效降低了流沙对铁路线的侵害。

常年的坚守防沙治沙，队员们已然成了临策铁路沿线的一道独特的风景线。

在阿拉善地区，胡杨耐旱耐寒、傲视风沙、倔强生长，是顽强品格的代表，常年驻守戈壁荒漠的中铁六局呼和铁建公司临策铁路维管人以大漠胡杨为榜样，写下"融胡杨之魂、塑临策精神"格言。

有人说他们是戈壁沙漠上的"勇战士"，也有人说他们是铁路线上的"保护神"，其实这是中国中铁六局呼和铁建公司，维管人再熟悉不过的工作缩影。

他们坚守着一颗"匠心"，日复一日进行巡检，化危排险确保临策铁路的安全畅通，如同坚韧不拔的胡杨，饱经风沙，坚守旷日，傲然挺立。

图 4-6　比胡杨还要坚韧的人

（资料来源：中铁六局网）

单元 3　青藏铁路精神

习近平总书记在中央第六次西藏工作座谈会上指出："在高原上工作，最稀缺的是氧气，最宝贵的是精神。"

青藏铁路起于青海省西宁市，途经格尔木市、昆仑山口、沱沱河沿，翻越唐古拉山口，进入西藏自治区安多、那曲、当雄、羊八井、拉萨，全长 1 956 千米。青藏铁路的建成创造了多个世界之最：最高的火车站、最高的铺架基地、最长最高的高原冻土隧道、海拔最高的高原铁路等，被誉为世界铁路建设史上的一座丰碑。

一、青藏铁路精神内涵

建设青藏铁路是几代中国人梦寐以求的愿望，是党和政府作出的关乎经济社会发展全局的重大决策。作为西部大开发战略的标志性工程，青藏铁路是藏族同胞与全国各族人民的连心路，是雪域高原迈向现代化的腾飞路，也是勤劳智慧的中国人民不断创造非凡业绩的奋斗路。

1. 挑战极限、勇创一流的青藏铁路精神，饱含着爱国主义的豪情壮志

"上了青藏线，就是做奉献。"从走入高原的第一天起，青藏铁路的建设者们就是在这样的口号激励下，以国家需要为最高需要，以人民利益为最高利益，始终牢记党和人民的重托，长期奋战在条件异常艰苦的雪域高原，以惊人的毅力和勇气战胜了各种难以想象的困难，展现了为国家发展、为民族复兴而奋斗的爱国主义信念和豪情，创造了人类铁路建设史上的非凡业绩。

2. 挑战极限、勇创一流的青藏铁路精神，饱含着顽强拼搏的英雄气概

青藏铁路施工所面临的困难和挑战，是世界铁路史上前所未有的。施工难度之大，

设备可靠性和安全性要求之高史无前例。历经千难成此境，人间万事出艰辛。青藏铁路大军不畏艰险永远向前，决不向恶劣的环境屈服让步。正是这种顽强奋斗、自强不息的英雄气概，鼓舞着他们战胜一个又一个困难，越过一个又一个障碍，取得一个又一个胜利。

3. 挑战极限、勇创一流的青藏铁路精神，饱含着自主创新的科学精神

在国内外没有成熟经验可直接借鉴的情况下，广大科技工作者和建设者，自力更生、自主创新，在青藏铁路冻土工程技术和施工工艺、高原生态环境保护、建设运营管理及旅客卫生保障等方面交出了一份满意的答卷。事实证明，中华民族是富有创造精神的民族，只要坚持不懈地提高自主创新能力，我们就能不断攀登世界科技高峰。

4. 挑战极限、勇创一流的青藏铁路精神，饱含着团结协作的优秀品质

青藏两地干部群众、设计施工各部门、各单位同心协力，密切合作，争挑重担，共担责任，形成了一切为铁路、全力保成功、齐心干事业的生动局面。这充分表明，社会主义制度具有巨大的组织能力和动员能力，集中力量办大事是社会主义制度的政治优势，团结协作、服从大局、同心协力，是我们成就伟大事业的力量所在。

每一个时代，都有自己的精神象征。十多万青藏铁路建设者在世界屋脊上，筑就了中华民族伟大精神的新高度。建成青藏铁路这一壮举将永远载入共和国史册，青藏铁路精神将永远光耀神州大地。这种精神，是以爱国主义为核心的民族精神的传承和升华，是以改革创新为核心的时代精神的延伸和拓展，是激励我们56个民族、13亿中国人民奋勇前进的强大动力。

二、青藏铁路精神的时代意义

青藏铁路精神是中华民族精神的继承和发展。青藏铁路精神是中华民族自强不息精神的继承和发展，是中国共产党人革命精神的继承和发展，是"特别能吃苦、特别能战斗、特别能忍耐、特别能团结、特别能奉献"的老西藏精神的继承和发展。我们要继承和弘扬青藏铁路精神，为实现中华民族伟大复兴的中国梦贡献力量。

青藏铁路建成通车，让西藏进入了铁路时代，密切了西藏与祖国内地的时空联系，拉动了青藏带的经济发展，被人们称为发展路、团结路、幸福路。在这背后凝结的是十多万建设大军的无私奉献与顽强拼搏。他们以惊人的毅力和勇气，挑战极限，战胜各种难以想象的困难，攻克"高寒缺氧、多年冻土、生态脆弱"三大难题，谱写了人类铁路建设史上的光辉篇章。铁路建设大军"艰苦不怕苦，缺氧不缺精神，风暴强意志更强，海拔高追求更高"的壮志，让全世界记住和看到了他们铸就的"挑战极限、吃苦奉献、科学拼搏、建功高原、勇创一流"的青藏高原精神。

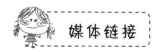
生命禁区里的这群人

　　唐古拉意为"雄鹰飞不过去的高山"，平均海拔 5 000 米，氧气含量不到海平面的 40%，2006 年，青藏铁路纵跨唐古拉，"钢铁巨龙"穿越世界屋脊。唐古拉线路养路人接替建设者，进驻"生命禁区"，养护维修青藏铁路这段，海拔最高、灾害最多的 125 千米冻土线路，为确保火车安全通行，上百名铁路人坚守在这里，排除冻土、大风、塌方等危害铁路安全的险情，用血肉之躯铸成一根根看不见的"轨枕"，托起青藏铁路安全运行的奇迹。

　　早上 8 点半，天刚蒙蒙亮，嘹亮的哨声划破唐古拉的宁静。32 岁的工长扎西旺堆从床上一跃而起，在几分钟内完成穿衣洗漱。他一边系衣扣，一边往食堂快步走去，把一句话甩在身后："今天上午有一个小时的维修'天窗'，不抓紧怎么行！"

　　青藏铁路通车已十多年。随着需求不断增加，每天运行的列车已达数十趟。扎西旺堆所说的"天窗"，是列车运行间隙的抢修钢轨时间，一次仅一个小时，但是要提前几个小时准备。"必须争分夺秒！"

　　唐古拉极度高寒缺氧，快走两步就头晕目眩，胸口憋痛。工人们抱着 20 千克重的捣固机，伴随着机器轰鸣和剧烈抖动，将道砟捣实、固定。短短几分钟，汗水就在额头上冒出，又很快结成冰霜……

　　扎西旺堆满嘴胡茬、脸庞黝黑。今年是他在青藏铁路唐古拉地区工作的第 12 个年头。这个藏族汉子，在工友口中是连石头都磨不透的"铁人"。扎西旺堆的家在拉萨，2003 年初中毕业时，他从老师口中听说铁路修到了唐古拉山，以后会需要很多铁路工人，就报考了包头铁道职业技术学院的中专班，成为定向培养的第一代藏族铁路工人。

　　"当铁路工人，干的就是'硬活'，就要敢碰硬。"大多数时候，扎西旺堆需要跪在钢轨上，侧身脸颊贴地观测钢轨的水平高度是否达标，每天平均要跪下三四百次。久而久之，扎西旺堆除了手上的老茧，膝盖也磨出厚厚的茧子。

　　唐古拉山的冬季时间超过半年，最低气温达 −40 ℃。面对艰苦的自然环境和恶劣的气候条件，他们没有退缩、没有怨言，在人类难以生存的环境下，创造了 4 300 多天安全运行的纪录。

十多年来,格尔木工务段唐古拉线路车间的工人们在两根钢轨上工作,也在两根钢轨上生活。车间22名职工、88名劳务工,每天想着的就是确保青藏铁路畅通,让每一辆列车安全平稳通过。

图4-7 生命禁区里的这群人

（资料来源：《中国铁路》）

复习思考题

1. 什么是职业意识？职业意识的功能是什么？
2. 铁路职工应具备哪些职业意识？
3. 铁路职工应具有哪些职业素质？
4. 联系自身实际谈谈如何提高职业素质？
5. 联系自身实际谈谈如何践行青藏铁路精神？

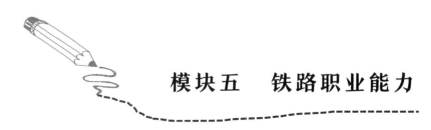

模块五　铁路职业能力

　　掌握团队合作及其重要性；掌握如何提高沟通效率；掌握如何提高解决问题的能力。

案例分享

脚踏实地，战场提升工作能力

　　她叫钟安珍，是中铁八局桥梁公司混凝土制品项目部的一名质检工。

　　举世瞩目的青藏铁路格拉段于 2001 年 6 月动土开工，摆在建设者面前的是冻土、高原缺氧和生态脆弱三大世界级难题。克服千里冻土的技术措施之一是修建高架铁路，成桥厂承建了格尔木至拉萨段的一部分 T 型桥梁任务。有了项目工程就得有人去干，可因为地处高原，工作环境太差，愿意去的人寥寥无几。喜欢挑战的她毫不犹豫地主动请缨，赶赴青海，将无悔的青春奉献给青藏铁路。

　　她从事的混凝土灌注检查工作多是在夜晚进行，夜班工作没多久，她便出现了头疼流鼻血的高原反应。上白班时，在火辣辣的太阳底下，强烈的紫外线，漫天的风沙，人犹如在炉子上被炙烤，热浪席卷着每一寸土地，使人喘不过气。在这样的环境下工作，她没有抱怨，克服了身体上的不适，扛着工具行走在工地。她知道，只有投入百分之百的努力，工作能力才能提高。"缺氧不缺精神，风暴强意志更强，海拔高追求更高。"这句高原上的标语从上高原的那一刻就深深地印在了她的心里。

　　在戈壁滩工作的这段经历，环境的干涸和苍凉不止开阔了她的视野，舒展了她的心胸，更给了她坚强、忍耐、抗争的意志，不懈追求、顽强拼搏的勇气和力量。

　　2019 年 3 月 2 日，《厉害了，我的国》在各大院线上映，镜头下的中国桥、中国路、中国港尽显大国雄姿、中国智造，中国人从站起来、富起来到如今强起来，亿万观众通过镜头感受到视觉和心灵的双重震撼。作为中铁建设者，她更是心潮澎湃，她以此为荣！以此为傲！

《厉害了，我的国》纪录片中的中国高铁实现了弯道超越，从和谐号到复兴号，无论速度、安全还是营运都不断刷新世界纪录。其中，铁路建设者的艰辛付出功不可没。

2005 年，中国首条无砟轨道——遂渝无砟轨道开始施工，她参与到轨道板产品的研发和试制中。为了尽快掌握新产品的生产技术，她努力学习各类知识。在生产过程中，生产材料选择，钢筋骨架绝缘性能检测，预埋件安装、混凝土灌注……每一道工序她都全程监督、反复分析，并做好相关技术数据的采集和整理工作，积累了丰富的经验。她参与的"CRTSI 型板式无砟轨道用混凝土轨道板工法"（如图 5-1 所示）获得国家一级工法奖。

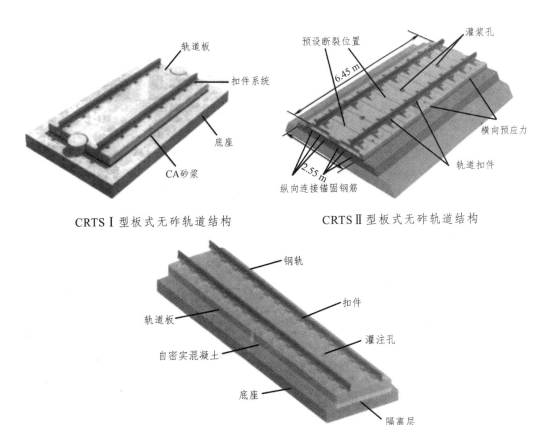

CRTS Ⅰ型板式无砟轨道结构

CRTS Ⅱ型板式无砟轨道结构

CRTS Ⅲ型板式无砟轨道结构

图 5-1　板式无砟轨道结构

她 2018 年被授聘为混凝土高级技师。她参与了多项国家级、省部级工法及技术成果的攻关，参与的科技成果多次获得国家级、省部级、公司级奖项，被编写进工法。

2019 年 3 月，在四川省总工会"不忘初心眼党走、巾帼建功新时代"三八节纪念活动上，她获得了"四川省五一巾帼标兵""四川省五一巾帼奖章"荣誉称号。她是制品项目部的"党员先锋模范岗"。

这是一个充满竞争但是也恪守公平的时代，人们认可个人品牌，也认可那些悄无声息的努力和汗水。质检工作是个苦差事，却是她热爱的事业。做自己喜欢的事，开始虽然会很难，但只要投入饱满的热情，就会渐入佳境、获得成就。她满怀感恩，新时代新征程，她将不忘初心、不负时代、不辱使命、勇往直前，不断发挥好传帮带作用，让巾帼质检班再接再厉、勇立潮头、再立新功！

相关知识

单元 1　解决问题的能力

职业能力是企业职工自身综合知识的获取能力，要求工作者在适应工作岗位的同时不断获取新知识。职业化必备能力主要有学习力、思想力、执行力、沟通协调力、解决问题能力、团队合作能力等。

一、解决问题能力的概念

解决问题是指在问题空间中进行搜索以便使问题的初始状态达到目标状态的思维过程。解决问题能力就是一种面对问题的习惯和处理问题的能力。这种能力体现在一个人在遇到问题时，能自主、主动地谋求解决问题的途径，能有规划、有方法、有步骤地处理问题，并能适宜、合理、有效地解决问题。

二、解决问题的主要步骤

（一）拟定问题的解决计划

问题的解决计划可以理解为解决问题的总体思路或者总体方案，总体思路包括问题的指向、解决的计划等。制定解决问题的计划要坚持如实原则，解决途径应当是分析性的，或是启发性的，或者二者相结合。首先确定以前的经验、知识和解决方式能被用在当前场合的程度。分析就是将研究对象的整体分为各个部分、方面、因素和层次，并分别加以考察的认识。分析的意义在于细致地寻找能够解决问题的主线，并以此解决。

在解决问题的过程中要根据任务需要和个体学习的客观规律，结合问题的实际情况，采用多种思维方式，达到启发思维并调动个体的主动性和积极性的目的。要引发个体对以前是否遇到类似的问题和此类问题解决方法的联想，并对相关内容进行再现。这就需要个体对信息有一定的储备，再根据具体情况进行有效选择。在问题情境中，存在主体已掌握的信息、掌握过程和要掌握的信息三个基本情境因素，这三个基本情境因素往往会影响个体解决问题的程序，影响个体知觉所需的知识和技能。大脑内和书面的解决问题的计划，是由分析上述各情境因素以后形成的。解决问题计划中可能涉及几种方法，但是拟定的计划必须是确定方法中的优选方案。

（二）提出推测和论证假想

提出推测是在拟定问题的解决计划基础上进行的。个体会根据解决一般问题的经验和现有储备的知识，确定自己行动的先后顺序，在思维中进行必要的加工，模糊地想象问题的解决方式，或者采用直觉思维，通过猜测来达到问题的部分或者完全解决。经过这种尝试、这种思维加工运作，最终产生如何解决问题的想法并作出推测。

要获得推测，可以通过从已知的理论、观念、原则和准备中引出，也可以对工作和生活经验中已知的或由观察或试验而获取的事实和现象进行必要的归纳而得出。这一过程既是问题性学习的特征，也是一般形态上的科学性研究的特征。这些推测或假设是根据最初的、不确切的概念和观念作出的，因而这些推测或假设有合理的成分，也有不合理的成分，这就需要思维进行下一步活动，即从多种可能推测中选择较为合理的一种假想。

（三）证明假想

用"实践已证明的另一种思想"来论证，这种逻辑行为就称作证明。证明有其相应的结构。论题：它的真理性需用别的判断来论证；论据：借助它们来论证论题的真理性；论证过程本身：论据与论题的逻辑联结，即一连串推理，其中一个推论跟另一个推论紧密相连。这意味着个体要善于分析和把握信息，分清主要成分和次要成分，沿着推理的思路，对目标进行分析论证。在这个过程中，个体的思路要指向分析、比较和结论等方面，利用事实对假想进行论证。

（四）检验问题的解决结果

一般情况下，已解决的问题是否能立即得到检验取决于问题的性质，因为不同问题所需要的时间是不同的。对于即时性问题，可以立即检验，而对于需要时间来检验的问题，判断问题解决的效果是困难的事。不过，对于需要时间验证的问题，重温和分析解决过程是必要的步骤，它有助于问题未来的真正解决。

（五）重温和分析解决过程

为了进一步解决问题，或者为了牢固掌握问题解决的方法，重温和分析解决过程显得尤为必要。清楚地重温解决过程的步骤和方法，尤其是分析过程中的错误，认清所出现错误和不正确推测及假想的原因，可以帮助个体认知哪些逻辑方式和操作是合理的，哪些是错误的。重温和分析解决过程可以让个体反思：是不是有更为准确的、更为清晰的问题概述方法？有没有更为合理的解决途径？重温和分析问题解决过程是解决问题的必要步骤，有助于经验的积累，有助于解决问题能力的提高。

总之，问题的解决过程，实质是通过解决问题来达到掌握知识、技能的过程，所以职业人需要经常独立自主地解决问题。

- -

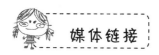 媒体链接

"90后"机械师的进阶之路

郭阳是中国铁路乌鲁木齐局集团有限公司乌鲁木齐车辆段动车运用所动力分散动车组乘务队队长，兰新高铁第一代动车组随车机械师。他攻克了多个技术难关，填补了兰新高铁动车组开行中的多项空白。

1. 高铁为梦，拼搏奋斗实现理想

郭阳出生在乌鲁木齐，学生时代就对铁路产生浓厚兴趣。2010年6月高考时，郭阳报考天津铁道职业技术学院高铁动车驾驶与维修专业，并如愿被录取。那时，兰新高铁已经在新疆建设施工。

毕业前的那一年，郭阳有幸到北京动车段实习，进一步坚定了他从事高铁相关工作的梦想。郭阳回忆道："每天看到各种动车组，我感到热血沸腾，越学感受越深刻。当时新疆要通高铁了，我就想着回去建设自己的家乡！"

2013年夏天，郭阳从天津铁道职业技术学院毕业。怀揣着高铁梦，他来到乌鲁木齐车辆段工作，正式成为铁路人。那一年，郭阳22岁。参加工作后，郭阳首先接受了2个月的培训，当时乌鲁木齐车辆段动车所正在筹备中。此后的近半年时间，郭阳分别被派到北京交通大学进行车辆工程理论学习、到沈阳动车段进行动车组实作学习、到上海南动车所进行动车组随车学习。"那段时间，我感觉自己一直在学习、实践，这为以后工作打下了良好的基础。"郭阳说。

郭阳第一次跟随师傅担当上海虹桥至温州南动车组随车机械师工作，是在上海南动车所进行动车组随车学习时。经过半个多月的随车学习，他对随车机械师岗位有了更深的了解。在他看来，随车机械师不仅要有良好的职业素质，而且要有过硬的心理素质，遇到突发情况不能慌张，要冷静思考、沉着应对。

郭阳说："作为动车组随车机械师，新的知识要第一时间掌握，否则一个小问题就可能变成大事故。要时刻守住铁路人的政治红线和职业底线，就要逼着自己不断学习。"

2014 年初，郭阳和同事们学成归来，迅速投入兰新高铁开通运营前的筹备工作中。随着兰新高铁开始联调联试，郭阳成为当时乌鲁木齐局集团公司为数不多的动车组随车机械师之一。

在兰新高铁联调联试期间，郭阳每天跟车，和厂家技术员讨论学习，最长连续出乘 9 天时间。他全程参与了兰新高铁联调联试、大风试验、线路检测、试运行等工作，跟车调试一千余次，参与形成性能报告等资料三千余份，整理各类测试数据上万条。

功夫不负有心人，郭阳凭借过硬的技术能力脱颖而出，成为兰新高铁首批具备和谐 2G 和和谐 5G 两种车型技术检修能力的随车机械师。2014 年 11 月 16 日，兰新高铁乌鲁木齐南至哈密段开通运营，郭阳担当首趟动车组随车机械师。这是光荣，更是肯定，为他的青春留下了浓墨重彩的一笔。

2. 刻苦学习，填补空白成为高手

"每每看到'大国工匠'和'铁路工匠'的感人事迹，我就会感觉浑身有力量，榜样、典型鞭策着我不断思考和学习，努力把本职工作做得更好。"郭阳感慨地说。兰新高铁沿线自然条件恶劣，四季温差大，常年风沙相伴，线路要穿越百里风区和戈壁，这对动车组安全运行提出了巨大挑战。随着兰新高铁动车组运行里程不断增加，途中偶发故障，而途中应急处置正处在探索阶段。在郭阳的建议下，技术故障攻关小组组建了起来，他们将故障现象和处理过程记录下来，相互交流总结经验，为后期随车机械师培养提供支持。

2016 年 7 月 5 日，郭阳值乘的重联动车组运行到途中发生受电弓故障，他带着两名学员下车检查，并安排他们分别对两头接地杆进行挂设，准备登上动车组顶部处理故障。登顶动车组前，郭阳再次确认两边接地杆时发现，08 号车厢一头接地杆挂设位置出现问题，他立即通知高铁行车调度给动车组断电，确认安全后登顶动车组处理了故障，及时消除了安全隐患。作为乌鲁木齐局集团公司动车组运行途中"第一登顶人"，郭阳总结的受电弓故障处理和相关接触网挂杆的重点注意事项，为动车组乘务工作提供了宝贵经验。

从 2014 年到 2016 年，郭阳共处理动车组故障百余件。兰新高铁全面投入使用后，很多新技术、新设备的技术资料都要重新编写。为了填补乌鲁木齐局集团公司动车组规章制度上的空白，郭阳在不影响工作的情况下，把休息时间全部投入到技术资料编写中。"那段时间往往是下了车就整理资料，吃住在动车所，我就想把日常积累和所学记录下来，不断总结、梳理、规范。"郭阳说。

拼搏进取结出硕果。经过不懈的努力，郭阳参与完成了《随车机械师一次往返作业指导书》《CRH5型动车组途中典型故障案例分析》《动车组随车机械师适应性岗位技能题库》等十余个专业资料的编写任务，为动车组乘务标准化作业提供了依据和保障，填补了乌鲁木齐局集团公司动车组规章制度上的空白，提高了动车组运行途中故障处置的能力。

2015年4月，郭阳和另一名随车机械师代表乌鲁木齐局集团公司组队参加第一届全路随车机械师技术比武，一举夺得单项个人第五名的好成绩，同去的另一名随车机械师获得单项个人第九名的好成绩，乌鲁木齐局集团公司代表队获得团体第六名，受到奖励。2017年8月，郭阳在乌鲁木齐局集团公司随车机械师技能竞赛中获第一名，获得乌鲁木齐局集团公司技术能手称号，并先后获得乌鲁木齐局集团公司技术标兵、先进生产者等荣誉，2019年获得乌鲁木齐局集团公司"乌铁工匠"称号，成长为乌鲁木齐局集团公司新生代的技术骨干。

3. 岗位建功，书写亮丽无悔青春

青春是用来奋斗的，郭阳经常告诫自己，越努力越幸运。

作为动车组随车机械师，郭阳始终将确保动车组安全作为职责，用实际行动在岗位建功。针对新疆冬季室外温度较低、容易导致受电弓粘连的问题，他坚持运用"听、看、问、巡、联"五字作业法，使动车组受电弓粘连问题得到有效解决。

兰新高铁给旅客出行带来了很大的便利。如何能够快速准确地处理动车组运行突发故障，是郭阳不断思考的问题。针对动车组运行中容易出现的故障，郭阳做好故障分析和预演，形成普通故障"模块化"处理流程，有效压缩了检修时间。

由于突出的专业技术能力，2017年3月，郭阳被抽调到乌鲁木齐车辆段110应急指挥中心担任调度指挥工作。每天，他除了做好调度指挥工作外，还要查看电脑数据，学习电路图等资料。有不懂的问题他就请教厂家技术人员，排除了动车组运行途中很多故障。2018年1月1日，郭阳被任命为乌鲁木齐车辆段动车运用所动力分散动车组乘务队队长。除了担任管理工作外，他还添乘检查乘务，并参加了大连交通大学车辆工程专业的函授学习，于2019年拿到了大学本科文凭。

自身强也要大家强。郭阳把自己多年积累的经验分享给大家，传授故障判断方法和故障处理技巧，提高了动车组随车机械师途中应急处置能力。

自2014年至今，郭阳已处理动车组列车故障136项；作为应急处置技术故障攻关小组成员参与完成各类技术攻关项目10余项，获得中国国家铁路集团有限公司、

乌鲁木齐局集团公司荣誉 8 项。在郭阳的带领下，他的徒弟获得 2016 年度全路动车组随车机械师技术比武单项个人第二名，2018 年在乌鲁木齐局集团公司动车组随车机械师技术比武中包揽了前四名。今年，新冠肺炎疫情考验着坚守岗位的动车组随车机械师。身为党员的郭阳主动值乘，一干就是 48 天，完成了 150 多趟动车组值乘任务，处理突发故障 10 起，为疫情防控期间动车组安全运行提供了技术保障。

不忘初心，牢记使命，郭阳是天山脚下永不停步的奋斗者。作为一名"90 后"技术人才，郭阳在火热的基层一线，用实干和拼搏诠释了新时代铁路人的使命担当，用努力和奋斗擦亮了青春底色，在追梦路上奋力奔跑。

图 5-2 "90 后"机械师的进阶之路

（资料来源：《人民铁道》报）

单元 2 团队合作的能力

团队合作是一种为达到目标所显现出来的自愿合作和协同努力的精神。在生活中，一个人的力量是渺小的，只有融入团队，与团队一起奋斗，才能够实现个人价值最大化，才可以成就自己的卓越。

一、团队的内涵

管理学家斯蒂芬·P. 罗宾斯认为，团队就是有两个或两个以上的相互作用、相互依赖的个体，为了特定目标而按照一定规则结合在一起的组织。狭义的团队就是由基层和管理层人员组成的一个共同体，它合理利用每一个成员的知识和技能协同工作，解决问题，达到共同的目标。

（一）团队的主要构成要素

团队的主要构成要素分别为目标、人员、定位、权限和计划。

1. 目 标

所谓目标，就是希望团队完成什么样的任务，解决什么样的问题。这是在团队建立初期就已经确定了的，团队的构成模式和人员选择，都是以这个目标实现为标准的。团队的构成是为了完成一个特定的工作，这项工作就构成了团队的目标，目标不同，团队构成模式和人员配置也不同。

2. 人 员

人是构成团队最核心的力量，两个及以上的人就可以构成团队。目标是通过人员的行动实现的，所以人员的选择是团队中非常重要的一个部分。在一个团队中可能需要有人出主意，有人定计划，有人实施，有人协同不同的人一起去工作，还有人去监督团队工作的进展、评价团队最终的贡献。不同的人通过分工来共同完成团队的目标，在人员选择方面要考虑人员的能力如何，技能是否互补，人员的经验如何。

对于个人来说，主要要分析出自己在团队里的角色是什么。依据其他成员的特点和优势，分析自己被组织分配到这个团队之中是希望自己提供什么样的服务，才能正确发挥自身的作用。团队合作，是以为他人服务为前提的。

3. 定 位

不同类型的团队有着极大的差异，它们在工作方式、工作周期、决策方式、授权大小上都有很大的不同，所以我们需要给团队定位。例如，一个销售团队可能需要持久地工作，但由于处在销售一线，它所能做出决策的权限和灵活性就需要比较大；而一个技术团队主要完成技术攻关，对产品的技术属性的决策权可能不是很大，只需要按照组织的要求来设计就可以了，但可以获得很大的资源支持。

团队的定位明确以后，接下来就可以制定一些规范，规定团队任务、确定团队应如何融入组织结构中。一般团队定位包含团队的目标、类型、对谁负责以及构成原则。

4. 权 限

现代组织管理中有个基本要求就是权责对等。团队要完成特定的工作和任务，负有一定职责，就会有相应的权利。工作的成效很大一部分取决于团队的积极性和主动性，而影响这些的就是权责配置问题。团队的权限范围必须和它的定位和目标要求相一致，如果不一致，比如权小而责大，团队就可能无法获得完成目标所需要的资源。

5. 计　划

团队如何分配和行使组织所赋予的权利，团队如何完成所需完成的任务目标，团队成员都应该分别做哪些工作，如何做，这就是团队计划的主要内容。可以说，团队的计划确定了团队成员的角色和权利分配以及目标分解，这最终决定了团队人员的选择和配置问题。

团队的计划对团队成员来说是非常重要的，因为个人的计划一定是团队计划的一个组成部分，所以个人计划一定是建立在团队计划之上的。明确了团队计划之后，才能依据这个计划来制订个人的工作计划，并且个人的计划要与团队计划和时间分配的方向一致。

（二）团队的类型

1. 问题解决型团队

问题解决型团队的核心是提高生产质量、提高生产效率、改善企业工作环境等。

2. 自我管理型团队

企业总是希望能建立独立自主、自我管理的团队。但推行自我管理团队并不总能带来积极的效果，虽然有时员工的满意度随着权力的下放而提升，但同时缺勤率、流动率也在增加。所以首先要看企业目前的成熟度如何，员工的责任感如何，然后再来确定自我管理团队发展的趋势和目标。

3. 多功能型团队

多功能型团队是由来自同等级、不同领域的员工组成成员之间交换信息、激发新的观点、解决所面临的一些问题的团队。

（三）团队目标

1. 团队目标的作用

建立高绩效团队首要的任务就是确立目标。目标是团队存在的基础，也是团队运作的核心动力，是团队决策的前提。团队目标的实现是一个动态执行的过程，领导者需要随时进行决策，没有目标的团队只会走一步看一步，处于投机和侥幸的不确定状态中，目标是发展团队合作的一面旗帜。

团队目标的实现关系全体成员的利益，自然也是鼓舞团队成员斗志、协调团队成员行动的关键因素。

2. 确定团队目标的原则

（1）确定团队目标的成员。

团队目标的确定需要几个方面的成员：首先领导者必须参加；团队的核心成员，也可能是团队的全体成员都要参与。

（2）团队的目标与团队的远景相连接。

目标是与远景目标的方向相一致的，它是达成远景目标的一部分，所以目标必须跟团队的远景目标相连接。

（3）随时纠偏或修正目标。

目标定下来以后，还需要根据监督、检查的情形随时向正确的路上引导。

（4）实施有效目标的分解。

目标来自远景目标，远景目标又来源于组织的大目标，而个人的目标来自团队的目标，它对团队目标起支持性作用。

（5）必须把目标传达给所有的成员和相关的人。

相关的人可能是团队外部的成员，如相关的团队、有业务关系的团队，也可能是团队的领导者。

二、团队精神

（一）团队精神的含义

团队精神有两层含义：一是与别人沟通、交流的能力，二是与人合作的能力。员工个人的工作能力和团队精神对企业而言是同等重要的，如果说个人工作能力是推动企业发展的纵向动力，团队精神则是横向动力。

1. 团队精神的基础

团队精神的基础是挥洒个性。团队业绩来自哪里？从根本上说，首先来自团队成员个人的成果；其次来自集体成果。团队精神的形成，其基础是尊重个人的爱好，对其特长的培养和肯定，让每一个成员都拥有特长，都表现特长。

2. 团队精神的核心

团队精神的核心是协同合作。团队的一大特色是团队成员在才能上是互补的。团队成员共同完成目标任务，保证充分发挥每个人的特长，并注重流程，使之产生协同效应。

3. 团队精神的最高境界

团队精神的最高境界是凝聚力。向心力、凝聚力来自团队成员自觉的内心动力，来自共识的价值观，很难想象在没有展示自我机会的团队里能形成真正的向心力，同样也很难想象，在没有明确的协作意愿和协作方式下能形成真正的凝聚力。

（二）团队精神的作用

1. 目标导向功能

团队精神的培养使企业员工齐心协力，拧成一股绳，朝着一个目标努力，对单个职工来说，团队要达到的目标即是自己所努力的方向，团队整体的目标顺势分解成各个小目标，在每个职工身上得到落实。

2. 凝聚功能

任何组织群体都需要凝聚力。团队精神则通过对群体意识的培养，在长期的实践中形成习惯、信仰、动机、兴趣等文化心理，引导人们产生共同的使命感、归属感和认同感，逐渐强化团队精神，产生一种强大的凝聚力。

3. 激励功能

团队精神要靠员工自觉地要求进步，力争向团队中最优秀的员工看齐。通过员工之间正常的竞争可以实现激励功能，这种激励不是单纯停留在物质的基础上，而是得到团队的认可，获得团队中其他员工的尊敬。

4. 控制功能

员工的个体行为需要控制，群体行为也需要协调。团队精神所产生的控制功能，是通过团队内部所形成的一种观念的力量氛围的影响去约束规范控制职工的个体行为。这种控制不是自上而下的硬性强制力量，而是由硬性控制转向软性内化控制，由控制员工行为转向控制员工的意识，由控制职工的短期行为转向对其价值观和长期目标的控制。因此，这种控制更具持久意义，更容易深入人心。

三、团队合作

团队合作对人的个人素质有较高的要求，除了应具备优秀的专业知识外，还应该有优秀的团队合作能力，这种合作能力有时甚至比专业知识更加重要。

（一）团队合作的基础

1. 建立信任

要建设一个具有凝聚力并且高效的团队，最为重要的步骤就是建立信任。一个有凝聚力、高效的团队的成员必须学会自如、迅速、心平气和地承认自己的错误、弱点、失败并求助。他们还要乐于认可别人的长处，即使这些长处超过自己。

2. 团队良性的冲突

团队合作的一大阻碍就是对冲突的畏惧。这来自两个不同方面的担忧：一方面，有些管理者采取各种措施避免团队中的冲突，因为他们担心丧失对团队的控制，或者有些人的自尊心会在冲突过程中受到伤害；另一方面，一些人把冲突当作浪费时间，他们更愿意缩短会议和讨论时间。

团队需要做的是学会识别虚假的和谐，引导和鼓励适当的、建设性的冲突。这是一个杂乱的、费时的过程，但这是不能避免的。否则，一个团队建立真正的信任就是不可能完成的任务。

3. 坚定不移地付诸行动

要成为一个具有凝聚力的团队，领导必须学会在没有完善的信息、没有统一的意见时作出决策。

如果一个团队没有鼓励建设性的冲突就不可能学会决策。这是因为，只有当团队成员彼此之间热烈、不设防地争论，直率地说出自己的想法时，领导才可能有信心作出充分体现集体智慧的决策。

4. 无怨无悔

卓越的团队，不需要领导提醒，团队成员就会竭尽全力工作，因为他们清楚地知道需要做什么，彼此负责。

（二）团队合作的要求

1. 愿意接受并遵守团队决定

作为一个团队人的首要特征就是相信团队所作出的决议有其优点及必要性。也许你不是完全满意每次的团队决议，甚至有时可能觉得自身的权益受损，但是优质的团队人深知，在团体中并不是每一次都能找到完美的解决方案。

若要发挥团队的整体力量，一旦作出决议后，每个人就该抛弃个人的主观想法，接受并且遵守大家的共识。万一仍有不同观点也应该在下一次团体讨论中提出，试着说服大家，使之成为新的共识，而不是消极抵制或我行我素。

2. 主动表达高度合作意愿

合作，是团队运作的基础。身为优质团队的人，必定有着与人合作的高度诚意，即使有些时候，自己一个人做事似乎远比跟大家一起做来得有效率，但为了团体的长远利益，你仍会乐意跟大家分享专业知识，并耐心询问每个人是否有其他的看法。

3. 重视其他成员的利益

一个好的团队人之所以能受到大家的喜欢，是因为他拥有良好的同理心。他有能力了解并重视每个人的想法及感受。在讨论中提出自己的建议后，主动问问大家，自己的想法是否会对其他人造成不便。

4. 肯定其他成员的成就

团队动力是需要相互激发的，因此请对团队中其他成员的杰出表现给予真诚、大方的赞美。适当地称赞，才会发挥真正的激励效果。

5. 提出建设性的批评

在团体中，提出不同意见时应当发挥超高的情商技巧，给予对方建设性的批评。实际的做法是批评对方的做法，而不是对方本身，也就是所谓的"对事不对人"。

6. 主动承担解决问题的责任

真正的团队人绝对不是光说不练的意见发表者，而是一个脚踏实地的实际行动者。有问题，大家坐下来讨论该如何处理，一旦有了结论，优质的团队人就会衡量状况，主动承担责任。

（三）团队合作的原则

1. 平等友善

与同事相处的第一步便是平等。不管你是资深的老员工还是新进的员工，都需要丢掉不平等的关系，无论是心存自大或心存自卑都是同事相处的大忌。信任是联结同事间友谊的纽带，真诚是同事间相处共事的基础。

2. 善于交流

同在一个公司、办公室里工作，你与同事之间会存在某些差异，知识、能力、经历造成你们在对待和处理工作时，会产生不同的想法。交流是协调的开始，要把自己的想法说出来，同时也倾听对方的想法。

3. 化解矛盾

一般而言，与同事有点小摩擦、小隔阂，是很正常的事。但千万不要把这种小不快演变成大对立，甚至成为敌对关系。对别人的行动和成就表示真正的关心，是一种表达尊重与欣赏的方式。

4. 创造能力

培养自己的创造能力，不要安于现状，试着发掘自己的潜力。一个有不凡表现的人，除了能保持与人合作以外，还需要所有人乐意与你合作。总之，作为一名员工，应该以你的思想感情、学识修养、道德品质、处世态度、举止风度，做到坦诚而不轻率，谨慎而不拘泥，和其他同事融洽相处，提高自己所在团队的工作能力。

四、团队合作能力的培养

（一）明确的团队目标

团队目标是团队建设的愿望，也是高效的服务团队的灵魂所在。当团队制订明确且可度量的目标后，还要让该目标成为每一个队员的目标，在以后的工作中要经常提及该目标，用以鼓励队员。

（二）团队成员之间有开放的交流

团队成员能够毫不隐瞒地提出自己的观点和看法，同时关注和倾听别人的建议，然后在团队内直面和公开处理不同的建议，并做出真诚的反馈。每一位成员要积极参与团队的活动，了解彼此工作的进展状况。

（三）团队成员要团结和忠诚

团结合作、笃信忠诚是一个团队的灵魂。一个能够坚持不懈的团队，也不需要一直刻意去营造团结的气氛。因为真正具备优秀素质的人，不管条件怎么发生改变，忠诚、团结都应该不再是个问题。

（四）善于学习

高效的团队往往是一个强有力的学习型组织，团队内学习气氛浓厚，队员能主动从多个渠道进行学习，并且能够相互提醒、相互促进。只有善于学习的团队，才能承担更重要的任务，队员才会有更好的发展。

（五）正确激励

高效的团队中的队员们会经常相互激励，激励的方法有很多种，如目标激励、表扬等。表扬可以让被激励者感觉到自己的重要程度，进而刻意改变自身某些行为，按照团队的奋斗目标前进。同时，采取必要的惩罚和批评也是一种激励。

（六）强有力的领导

高效的团队是在团队领导的管理和培养之下逐步形成的。一个优秀的领导者要善于沟通和引导，同时做好激励工作，克服众多困难，鼓励大家充分发挥创造力，这样才能逐步打造出一个好团队。

（七）高效的工作程序

高效的团队需要制定团队的规则和流程，依据流程制定团队计划并跟踪实施进度，有效地利用所有的资源，使大家的工作轻松而有效。每个决策点要基于明确的目标和决策标准进行考虑，努力使决策的风险降至最小。

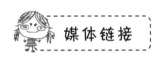 媒体链接

了不起，这名老党员培养了 120 余名技术骨干

2020 年 9 月 24 日上午 10 时许，在西宁机务段检修大库，一台"和谐号"电力机车正静静匍匐在钢轨上。在有些局促的机车驾驶室里，西宁电务段车载设备车间副主任李海生正俯身在 LKJ 显示器前，抽查刚刚秋鉴结束的车载设备。观察显示、按键检测，采集、核对机车信号数据，他的检查格外专注，而这一系列单调又枯燥的动作，他已经重复了整整 30 年。

30 年，弹指一挥。认识设备、熟悉原理、昼夜维护、故障处理、经验积累、传授帮带，30 年中，李海生经手的全部工作简单到只用几个词语便可全部概括。只是，在日复一日的磨砺中，在职工眼中，他的身份从"师傅"多了另外一种称呼——"技术大拿"。鲜为人知的是，伴随一眼见底的岗位履历，还有他积劳成疾落下的颈椎变形和腰椎间盘突出。

无论何时，车间遇有技术变化或新增设备时，李海生总是最先去学习原理，最先熟悉安装和操作经验。不论在班组或是在车间，一有闲暇，他就跑到检修大库，和机车乘务员探讨机车紧急制动、无线传输、LKJ 显示等故障现象，主动参与处理机车乘务员的报修故障，日积月累，提升自己的故障分析和处理能力。

目前，他已熟练掌握管内数十种车型、上百台机车、五大种类车载设备的数据转储，对设备安装、线缆连接到插针定义、面板指示灯含义，他能一字不落张口就来。经他检查的机车，出库良好率一直保持在 100%。

30 年的工作中，李海生保持着一个习惯。每次 LKJ 作业结束，他都要眼看、手指、耳听，对所有设备再度进行一次"扫描"。7 月 5 日，在检查一台重点机车设备时，他从轰隆作响的发动机声中听出异样声响。经仔细检查发现，原因为 LKJ 主机内的监控记录板缺少一颗小小的紧固螺丝，随机车振动而发出抖动声响，加装螺丝后，

异响消失。

今年 6 月 13 日，DF5 型 1687 号机车进行车载设备 I 级修时，机车数据无法按时上网，多方查找无果后，同事们想到李海生。但登车对网络、程序、线缆全部排查后，李海生却一无所获。眼看距离交车时间越来越近，大家都捏了一把汗，而李海生却丝毫不见慌乱，在司机室和电气间来回穿梭。经多次查找试验，他终于找到故障原因为电源电压过低，造成 TSC2 主机重启，程序无法正常启动造成掉线，最终影响到数据的正常传输。

故障排除后，李海生又组织大家在其他机车上进行了多次试验，发现个别的内燃机车上也存在类似现象。他立刻将这一情况反馈给了设备厂家，对全段所有内燃机车 TSC2 主机工作电源进行了改造，彻底消除了故障隐患，厂家对他的这一发现赞许有加。

作为一名老党员，李海生诲人不倦，除了每日给青工传授理论知识和设备故障处理方法，他还手把手组织他们参与到标准化作业、标准化设备指导书的修订当中。30 年来，他一共培养出 120 余名徒弟，许多人已成为全段技术骨干，多人多次在段、集团公司技术大赛中获奖。2018 年，他和 3 名徒弟完成的"车载设备车间 LMD 系统优化"项目获集团公司技术革新奖，他本人也多次被评为段、集团公司优秀共产党员、先进生产者。

图 5-3 了不起，这名老党员培养了 120 余名技术骨干

（资料来源：《青藏铁路》）

单元 3　协调沟通的能力

沟通不仅仅是信息的传递，更是思想和情感在个人和群体间的传递。沟通并不是一种本能，而是一种能力。沟通不是人天生就具备的，而是在工作实践中培养和训练出来的。

一、高效沟通概述

沟通是为了一个设定的目标，把信息、思想和情感在个人或群体间传递，并达成共同协议的过程。

（一）沟通的要素

1. 沟通目标

沟通要有一个明确的目标，这是沟通最重要的前提。没有目标的沟通是闲聊。在和别人沟通的时候，第一句话要说出你的目的，这是沟通技巧在行为上的一个表现。

2. 达成共同的协议

沟通结束以后一定要形成一个双方或者多方都共同承认的一个协议，只有形成了这个协议才叫完成了一次沟通。沟通是否结束的标志就是是否达成了一个协议。实际工作过程中，人们往往一起沟通，但是最后没有形成一个明确的协议，就各自去工作了。由于对沟通的内容理解不同，又没有达成协议，最终造成工作效率低下，双方又增添了很多矛盾。因此，当你和别人沟通结束的时候，一定要用这样的话来总结：非常感谢你，通过刚才的交流我们现在达成这样的协议。沟通技巧的一个非常重要的体现，就是在沟通结束的时候一定要有人来做总结。

3. 沟通信息、思想和情感

沟通的内容不仅仅是信息，还包括更加重要的思想和情感。其中信息更容易沟通，而思想和情感是不太容易沟通的。在人们工作过程中，有很多障碍使思想和情感无法得到一个很好的沟通。事实上，在沟通过程中，传递更多的是彼此之间的思想，而信息的内容并不是主要的内容。

（二）沟通的方式

在工作和生活中，人们会采用不同的沟通方式。归纳起来，沟通方式有两种，即语言的沟通和肢体语言的沟通。通过这两种不同方式的沟通，可以把沟通的信息、思想和情感传递给对方，并达成协议。

1. 语言的沟通

语言是人类特有的一种非常好的、有效的沟通方式。语言的沟通包括口头语言、书面语言、图片或者图形。口头语言包括我们面对面的谈话、会议等。书面语言包括我们在信函、广告和传真中使用语言，甚至在现在常用的微信、QQ、电子邮件等软件中使用的语言。图片包括一些幻灯片和电影等。

2. 肢体语言的沟通

肢体语言包含的信息非常丰富，包括我们的动作、表情、眼神等。实际上，人们的声音里也包含着非常丰富的肢体语言，人们在说每一句话的时候，用什么样的音色去说，用什么样的语调去说等，都是肢体语言的一部分。

在沟通过程中，语言更便于信息的沟通。肢体语言更便于人与人之间思想和情感的沟通。

3. 沟通的双向性

沟通的另外一个非常重要的特征是：沟通是一个双向交流的过程。人们在工作和生活的过程中，常把单向的通知当成沟通，即在与别人沟通的过程中，通常是一方说而另一方听，这样的效果非常不好。换句话说，只有双向的交流才叫沟通。

一个有效的沟通要形成双向沟通，必须包含三个行为，即说的行为、听的行为和问的行为。考核个人是否具备沟通技巧，要看他这三种行为是否都出现，这三者之间的比例是否协调。

二、沟通过程

沟通的过程是一个完整的双向沟通的过程（如图 5-4 所示），发送者要把想表达的信息、思想和情感，通过语言发送给接收者。当接收者接到信息、思想和情感以后，会提出一些问题，给对方一个反馈，这就形成一个完整的、双向沟通的过程。在发送、接收和反馈的过程中需要注意的问题是：怎样做才能达到最好的沟通效果。

图 5-4　沟通的过程

三、沟通技巧

（一）有效发送信息的技巧

1. 选择有效的信息发送方式

在沟通的过程中，为了达到一个良好的沟通效果，首先要选择正确的方法，因为不同方法之间的差距是非常大的。在任何一次沟通的过程中沟通者都会发送信息、思想和情感。

发送方式要根据沟通内容偏重度来选择。例如，你的一份报告传给你的同事或交给你的上级，更多的是一种信息的沟通；在和客户沟通的过程中，更重要的是增加你和客户之间的感情与信任，这个时候，信息是次要的，情感是主要的。所以说，在选择方法的过程中，首先要考虑到内容本身是以信息为主还是以思想和情感为主，根据不同内容来选择合适的方法。

2. 选择合适的时间发送信息

在发送信息时要选择合适的时间，充分考虑对方的情绪。

3. 确定信息内容

在同别人沟通的时候，语言是很重要的，加入相应的肢体语言，所要传递的信息内容会更加确切。只注重语言却不注重肢体语言，沟通效果会非常不好，就像我们每天都会听到很多口号，如欢迎光临，我们接收到的仅仅是"欢迎光临"这四个字带给我们的信息，喊这句口号的服务人员的肢体语言并没有传递给我们。在选择具体内容的时候我们一定要确定说哪些话，用什么样的语气、什么样的动作去表达，这些在沟通中非常重要。

4. 谁该接收信息

在发送信息的时候要考虑谁是信息的接收对象，先获得接收者的注意、接收者的观念、接收者的需要以及接收者的情绪。

5. 何处发送信息

发送信息时，还需要考虑在什么环境和场合下发给对方。很多管理者已经越来越认识到环境对沟通效果的影响非常大。

（二）积极聆听的技巧

发送者发送完信息后，对方就要接收信息，即聆听。在沟通中听比说更重要，聆听是一种重要的非语言性沟通技巧。

1. 聆听的原则

（1）聆听者要适应讲话者的风格。

每个人发送信息的时候，说话的音量和语速都是不一样的，聆听者要尽可能适应讲话者的风格，尽可能接收讲话者更全面、更准确的信息。

（2）眼耳并用。

聆听不仅要用耳朵听，还应该用眼睛去看。耳朵听到的仅仅是一些信息，而眼睛看到的更多的是对方传递给你的一种思想和情感，所以眼耳并用可达到更好地聆听效果。

（3）首先寻求理解他人的途径，然后再被他人理解。

听的过程中一定要注意站在对方的角度去想问题，而不是去评论对方。

（4）鼓励对方。

在听的过程中，看着对方保持目光交流，并且适当地点头示意，表现出在有兴趣地聆听。

2. 有效聆听的步骤

（1）准备聆听。

准备聆听就是给讲话者一个已做好准备聆听的信号，给讲话者以充分的注意。

（2）发出准备聆听的信息。

在听之前应该和讲话者有一个眼神上的交流，显示你给予发出信息者的充分注意，这就告诉对方：我准备好了，你可以说了。

（3）采取积极的行动。

在听的过程中，可以身体略微地前倾而不是后仰，这是一种积极的姿态，这种姿态表示你愿意去听，努力在听。同时，对方也会有更多的信息发送给你。

（4）理解对方全部的信息。

在沟通的过程中，你没有听清楚或没有理解时，应该及时告诉对方，请对方重复或者是解释。

3. 聆听的层次

在聆听的过程中，因为我们每个人的聆听技巧不一样，聆听又分为五种不同层次的聆听效果。

（1）听而不闻。

你可以从沟通对方的肢体语言中看出，他的眼神没有和你交流，他可能会左顾右盼，他的身体也可能会倒向一边。听而不闻，意味着不可能有一个好的沟通结果，当然更不可能达成一个协议。

（2）假装聆听。

在工作中常有假装聆听的现象发生。例如：你和客户交谈的时候，客户有另外一种想法，出于礼貌，他在假装聆听，其实根本没有听进去；上下级在沟通的过程中，下级惧怕上级的权力，所以装作认真倾听的样子，甚至用手托着下巴，实际上是没有聆听。

（3）选择性聆听。

选择性聆听就是只听一部分内容，倾向于聆听所期望或想听到的内容，这也不是一个好的聆听方式。

（4）专注地聆听。

专注地聆听就是认真地听讲话的内容同时与自己的亲身经历做比较。

（5）设身处地地聆听。

设身处地地聆听就是为了理解对方，站在对方的角度多方着想。

如果沟通对方和你说话的过程中，他的身体向后仰过去，那就证明他没有认真与你沟通，不愿意与你沟通。当对方和你沟通的过程中，频繁地看表，说明他想快速结束这次沟通，这时你必须去理解对方，这样对方会非常感激你的通情达理，从而为你们的合作奠定基础。

（三）有效反馈的技巧

1. 反馈的含义

反馈就是沟通双方期望得到一种信息的回流。在沟通过程中没有反馈的信息，沟通就不完善，因为信息过去了却没有回来，是一种单向的行为。反馈，就是给对方一个建议，目的是帮助对方把工作做得更好。

2. 反馈的类型

反馈的类型有两种：一种是正面的反馈，另一种是建设性的反馈。正面的反馈就是对对方做得好的事情予以表彰，希望好的行为再次出现；建设性的反馈，就是在别人做得不足的地方，给他一个建议。

（四）利用肢体语言进行沟通的技巧

好的第一印象会赢得对方一定的信任，对方更有可能愿意以合作的态度与你沟通。科学测试证明，当我们出现在别人面前的时候，7秒钟就形成了别人对自己的第一印象。所以在沟通过程的前7秒钟要给对方留下一个良好的第一印象。

信任是沟通的基础。在平时的工作和生活中，如果双方缺乏信任，那么沟通肯定是无效的、失败的。在沟通中运用肢体语言，可以达到好的沟通效果。

1. 有效沟通的态度

每个人在沟通过程中，由于信任的程度不同，所采取的态度也不一样。如果你的态度不端正、不良好，那么沟通的效果肯定是不好的。根据果敢性和合作性的不同，有效沟通的态度可分为五种（如图5-5所示）。

（1）强迫性态度。

在工作和生活中，父母对小孩子、上级对下级较易采用强迫态度。在这种强迫的态度下，沟通实际是不容易达成协议的。

（2）回避性态度。

沟通中既不果断地下决定，也不主动合作，这样的态度被称为回避性态度。总是回避，不愿意沟通，不愿意下决定，也得不到一个良好的结果。

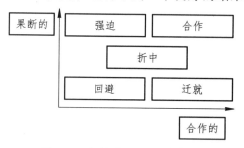

图 5-5　有效沟通的五种态度

（3）迁就性态度。

具有迁就性态度的人虽然果敢性非常弱，但是他同意合作，你说什么他都会表示同意，下级对上级往往采取一种迁就态度。当你与下级沟通的时候要注意：他的态度是否发生了问题，采取的是不是迁就态度。如果是，那么沟通就失去了意义。

（4）折中性态度。

折中性态度果敢性有一些，合作性也有一些。

（5）合作性态度。

在沟通过程中需要有一个正确的态度：既要有一定的果敢性、勇于承担责任，同时又要有合作性，这样的态度才是合作性的态度，才能产生共同的协议。

2. 沟通视窗的运用技巧

沟通过程中，一个循环的过程中包括两个非常重要的因素，即说和问的行为。沟通视窗（如图 5-6 所示），原名乔哈里视窗，是一种关于沟通的技巧和理论，也被称为"自我意识的发现-反馈模型"。这个视窗说明，说得多或问得多，就会容易让别人对你产生信任。

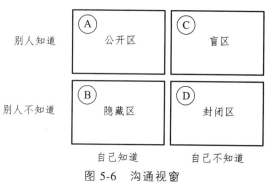

图 5-6　沟通视窗

"沟通视窗"把信息分为四个区间。

（1）公开区。

公开区，是自己知道、别人也知道的信息。例如你的家庭情况、姓名、部分经历和爱好等。公开区具有相对性，有些事情对于某些人来说是公开的信息，而对于另一些人来说可能是隐秘的信息。在实际工作中，公共区越多，沟通起来也就越便利，越不易产生误会。

善于交往的人、非常随和的人更容易赢得人的信任，使人容易和他们进行合作性的沟通。要想使你的公开区变大，就要多说、多询问，询问别人对你的意见和反馈等。

（2）隐藏区。

隐藏区，是自己知道、别人却可能不知道的秘密。例如你的某些经历、希望、心愿、秘密以及好恶等。一个真诚的人也需要隐藏区，完全没有隐藏区的人是心智不成熟的。在有效沟通中，适度地打开隐藏区，是提高沟通成功率的一条捷径。

如果一个人的隐藏区最大，说明他是一个内心封闭的人或者说是个很神秘的人。人们对这样的人的信任度是很低的。如果与这样的人沟通，合作的态度就会少一些。因为他很封闭，往往会引起人们的防范心理。

（3）盲区。

盲区，是自己不知道、别人却可能知道的盲点。例如性格上的弱点或者坏的习惯，你的某些处事方式，别人对你的一些感受，等等。一旦当事人没有博大、开放的胸怀容纳一些敢于对自己讲真话的朋友或善于直言的下属，他的盲区就有可能越来越大。因此，只有不断地缩小自己的盲区，才是走向成功的必由之路。

一个人的盲区太大的原因就是他说得太多、问得太少，不去询问别人对他的反馈。所以在沟通中，你不仅要多说而且要多问，以避免盲区过大的情况发生。

（4）封闭区。

封闭区，是自己和别人都不知道的信息。例如某人自己身上隐藏的疾病。封闭区是尚待挖掘的黑洞，也许通过某些偶然或必然的机会，你会得到别人较为深入的了解，对自我的认识也不断地深入，你的某些潜能就会得到较好的发挥。封闭区大的人，不管别人对自己是否了解，也不主动向别人介绍自己。封闭会使他失去很多机会，能够胜任的工作也可能从身边溜走。

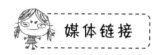
志在创效的"点子大王"

黄海之滨，琅琊台湾畔，从空中俯瞰，在青岛西海岸国家级新区这片热土上，可以看到一个 7 平方千米的铁路站区——中国铁路济南局集团有限公司青岛西车务段董家口南站。

董家口南站通过铁路联络线与青盐铁路相连。自 2019 年 3 月投入运营以来，这个二等铁路货运站依托区位优势，短短 1 年时间将董家口港 40% 的矿石运量吸引至铁路，日装车量不断攀升。说起这些，车站工作人员都不由得对该站副站长孟照林竖起大拇指。

1. 特殊时期冲在前

"这批货黏度较大，装车的时候一定要注意，避免堵塞机器，影响装车进度。"2020 年 4 月 22 日，董家口港高 50 多米的装车楼上机械轰鸣，孟照林提高嗓门，与现场操作人员沟通矿石装车情况。

作为车站负责运输的副站长，孟照林每天都会爬上装车楼了解现场的实际装车情况。疫情发生后，他说："越是特殊时期，越要多与港口沟通，及时掌握现场生产情况，货畅其流才能有保证。"

突如其来的新冠肺炎疫情给铁路运输带来冲击。有着二十余年运输组织经验的孟照林认识到，要紧紧抓住旅客出行减少、部分客车停运的"窗口期"，加大货运组织力度，主动化危为机，把增收创效的责任担起来，全力以赴稳货补客，保障大动脉畅通，对冲疫情带来的影响。

"1.5 万吨？好的，你放心吧，按时运到！"2020 年 2 月 3 日，孟照林得知兰州酒钢集团一批急需的货物因疫情影响，公路运输受阻。他立即与兰州酒钢集团联系，协调港口及时配货，组织铁路运力以最快的时间将 1.5 万吨铁矿石发送运达，解了客户的燃眉之急，赢得了客户的信任。

为满足多地企业复工复产需求，孟照林每天在线上组织港口、铁路物流园、货主开货源计划合编会，精准掌握客户运输需求和港口货源到达动态，为重点企业提供"船舶优先停靠、货物优先装车、列车优先发车"的快速物流服务。

做好货运营销的同时，孟照林也时刻不忘抓紧防控疫情。疫情发生后，他把自己

"封闭"在车站里，连续坚守岗位30多天，一手抓防控，一手促生产，每天戴着口罩、揣着消毒液，往返于车站调度室、装车线、调车组之间。

"孟站长经常到我们一线作业点，发现有装车作业问题，他都会第一时间指出来，督促解决。车站运输各环节有序衔接、高效运转，真的离不开他！"车站调车长韩冰说。

疫情期间，车站运量逆势增长。2020年2月份，该站有13天单日装车突破900车，并创造了971车的单日装车纪录。2020年1至2月份，车站发送货物355万吨，实现运输收入2.8亿元，装车数占到了济南局集团公司货运总量的7.5%。

2. 勇挑重担解难题

青岛港董家口港区是国内首个40万吨级矿石码头，年货物吞吐能力超过亿吨。港口长期依赖汽运疏港的运输模式，给港口场内及周边交通带来巨大压力，也制约了港口运输进一步发展。

2019年3月，董家口南站建成开通，依托青盐铁路运输优势，瞄准董家口港铁路疏港运输业务这片处女地，济南局集团公司看到了货运增量的希望。

一个月后，经过青岛西车务段选拔，孟照林从黄岛站值班站长升任董家口南站副站长，与车站班子成员一起推动"公转铁"政策落地，为企业货运增量开疆拓土。

开站伊始，董家口港铁路疏港运输从零起步，面临诸多棘手的问题。孟照林实地考察发现，车站场地新、设备新、人员新的"三新问题"造成了装车效率不高。"董家口南站装的第一列车，60节车厢足足花了十几个小时，开站初期日均发送量也就100多车。"董家口矿石码头操作部副部长刘文栋对当时的情景印象深刻。

对此，孟照林凭借着在黄岛站20多年的工作经验，跑遍了14千米的站场，逐一摸清线路运用情况和设备的技术特点，并对车站装卸、调车、货检等工作流程进行分类梳理、优化，最大限度地为提升装车效率创造条件。

"脑子活，善于发现问题和创造性地解决问题，这是孟照林工作的最大特点。"车站站长张宗武评价道。

针对董家口港没有铁路疏港协作经验、装卸作业人员经验不足的问题，孟照林多次登门与港口方交接，参照黄岛站作业经验，结合实际制定了装卸人员作业标准、考核标准，明确了作业分工，与港口方一道加大培训力度。

经过一段时间的磨合，装车楼的装车时间从每列10小时缩短到了每列2小时。作为站区运输组织的"指挥官"，孟照林积极协调车辆、机务等兄弟单位及时检车、出务，优化车站运输组织各环节，做到快接快发。

增运增收关键要看货源，为了创造更多的货运增长点、增长极，孟照林积极走出去搞营销，加强与铁路物流园、港口方面的合作，积极推介铁路业务。山西、河南、河北等地都留下了他走访客户的足迹。

山西建龙、高义等钢铁企业的铁矿石货源，渤海的油脂大豆，西宁地区的小麦，河南豫光铜精矿等高附加值货源都被他揽至董家口南站，在董家口南站发运，促进了"公转铁"运量提升。

3. 勤奋耕耘谋创新

孟照林无论什么时候都随身携带《铁路技术管理规程》《铁路行车组织规则》等各种规章，有空就学。在车站调度室里，哪本规章最破、画的标记最多，哪本就是孟照林的。大家给孟照林起了一个既响亮又形象的外号——"活规章"。他参加各级组织的"练功比武"，也经常拔得头筹。

在孟照林眼里，钻研规章不能纸上谈兵，而要把规章知识运用到运输组织上。调度室是车站运转的"大脑"，是运输生产的指挥中心。他以黄岛站调度室团队为核心，牵头成立创新工作室。他的"加强站港联系，突出装卸组织，避免交叉干扰，挖掘运输潜能""24字工作法"在济南局集团公司各疏港车站广泛运用，促进了运输潜力的释放。

他提出的调整调车机作业区域和作业办法、增设机车走行线、改造小汽车装车线等提升效率效益的金点子和工作室提出的15项合理化建议均获得立项实施，促使黄岛站装车能力不断提升，实现了日均装车从2015年的2500车到2017年的2700车再到2019年超三千车的阶梯式增长。

调至董家口南站后，孟照林紧盯增量，不断挖掘车站运输的潜能。"孟照林的一条合理化建议就激活一盘棋，一个金点子落地就变成一个实打实的'金豆子'。"车站党总支书记华光伟这样形容道。

针对2020年的运输增量，孟照林提前入手，超前研判，组织增加了皮带流程，实现矿2道、矿3道双线装车；协调物流园开通油2道散装矿石和原木的装车功能；正推进实施疏港铁路的"3+1"工程建设项目，进一步提升了车站装车能力。

"董家口南站是铁路运输新的增长点，我会不断创新创效，担当作为，让铁路大动脉物畅其流，为推动企业高质量发展，践行交通强国、铁路先行的目标贡献力量！"望着眼前繁忙的码头，孟照林深感重任在肩，饱含深情地说。

道虽迩，不行不至；事虽小，不为不成，世界上的事情都是干出来的。

（资料来源：《人民铁道》报）

复习思考题

1. 什么是沟通？沟通的要素及技巧是什么？
2. 解决问题的主要步骤有哪些？
3. 什么是团队精神？团队精神的作用是什么？
4. 联系自身实际谈谈如何提高解决问题的能力？
5. 根据自身实际谈谈如何提高团队合作能力？
6. 根据自身实际谈谈如何提高沟通能力？

模块六　铁路职业各岗位行为规范

掌握铁路职业各岗位行为规范；了解铁路职业各岗位主要作业内容。

用心点亮通信之光

　　精通工作岗位的所有技能，是通信工作的"多面手"；专攻疑难杂症，是工友眼里的"难题克星"；胆大心细、严谨务实、朴素、踏实，这就是王平。他现为中铁五局电务城通公司湘桂 G 网改建项目部高级技师，是项目劳模创新工作室的负责人，享受贵州省政府特殊津贴。参加工作以来，先后从事了铁路、公路、城市轨道交通通信光电缆、信息、机电安装和电力远动控制系统安装工程等多个专业工种，先后荣获"全国交通技术能手""中国中铁劳动模范""中铁五局金牌职工""中铁五局劳动模范""中铁五局优秀共产党员"。他编写的《一种高铁大型站房高空悬索吊篮作业平台》和《一种铁路通信铁塔检测装置》已成功申请实用新型专利。

　　在平凡的岗位上书写着不平凡的人生，凭着肯学肯干、认真钻研、开拓进取的工作作风，他从一名只有中技文化程度的普通工人，成长为公司通信专业的绝对专家。二十余载的青春岁月，成就了最好的自己，他用坚守与敬业为通信事业添上了一抹亮丽的风采。

　　2013 年 12 月 10 日凌晨 2 点 10 分，面对第一次接触涵盖十几条通信线路的改线、十四个通信系统的调试、被建设单位定性为"二级风险"的车站线路改线及拨接开通的施工任务，他临危不乱，经过近两个小时的紧张工作，安全顺利地完成了车站改线拨接任务。每一次的改线拨接成功，对他来说都是一次人生历练，也是一次努力奋进的开始。

在南宁东站施工中,他经过研究分析,设计提出了车站进站每个检票口单独查验、缩小进站验票区域的施工设计方案,试行"安全前移、验票后移"的实名验证模式,将东站实名制查验方式由过去的围闭分区管理改为在每个检票闸机前 2 米处设置独立的验证区域,彻底解决了实名制检验口设置过窄、旅客进站不方便等问题,形成了通畅的进站流线,并扩大了商业经营场地和旅客候车面积,实现了社会效益和经济效益的双赢。

这些年来,王平"南征北战",与家人聚少离多,但他没有任何抱怨。他常说"我是一名通信火种,每天坚韧地与风雨斗争,与时间赛跑,我要用我最虔诚的热心和我的专业能力,不断放大光芒,照亮身边的风景。"

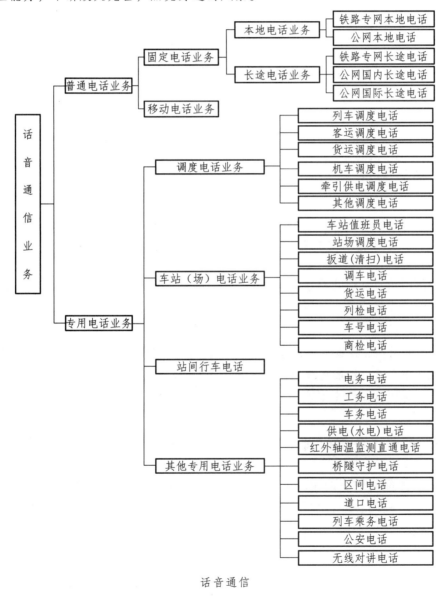

话音通信

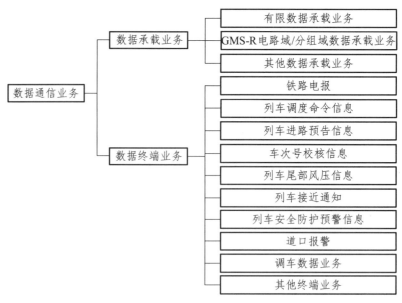

数据通信

图 6-1　铁路通信主要业务

单元 1　铁路工务岗位行为规范

　　工务部门负责铁路线路、桥梁、隧洞等基础设施的保养和维护，是实现铁路运输安全畅通的重要保障。工务部门职工岗位责任大、作业条件差、劳动强度高，对工作责任心、技术素质和职业纪律要求较高。特别是实施第六次大提速之后，列车运行密度更高，速度更快，载重更大，这对工务部门确保线路质量和提高职工队伍素质提出了更高的要求。适应新形势新要求，加强工务部门职工职业行为规范建设，对于做好工务工作，确保列车安全平稳运行，有着重要意义。

一、铁路工务部门岗位的职业行为规范

　　铁路工务部门职工的主要职责是保证线路质量良好，安全畅通。各工种虽然岗位特点不尽相同，但都肩负着确保大动脉安全畅通的共同职责，有着基本的职业行为规范。

1. 热爱本职，勤奋敬业

精心养护，爱路如家，勇于吃苦，努力工作，干一行、爱一行、钻一行，以良好的精神状态技能本领，保证各项工作任务完成，线桥质量良好，列车安全平稳运行。

2. 遵章守纪，尽职尽责

增强纪律观念，养成自觉遵章守纪的良好道德习惯；认真落实各项规章制度、办法细则，严格执行标准化作业；坚守岗位、听从指挥，做到令行禁止。

3. 精心养护，确保质量

树立以线桥质量为生命的职业理念，坚持预防为主，安排好"三修"（紧急补修、保养维修、正常维修）比例，经常进行重点病害整治，不断延长线桥设备寿命，提高线桥设备质量，满足运输安全生产的需要。

二、有砟轨道结构检查作业

按周期、标准要求对有砟轨道结构各部进行检查，重点落实结构性检查的各项要求，及时发现轨道结构存在的问题或隐患，以便纳入设备整治计划，消除设备病害。

有砟轨道结构检查作业时，主要采用"敲、照、查、看、量、测、拧"的方式进行，区间作业时注意避免工具料遗留，依照班前分工沿走行径路有序开展作业。

1. 轨道结构检查

对轨枕、道床进行外观检查，重点查看轨枕是否歪斜、间距设置是否合理，轨枕有无破损、裂纹、挡肩劈裂、折断等异常情况；道床断面是否满足标准要求，道床是否饱满、有无脏污、板结、翻浆等病害；道砟是否粉化，焊缝及绝缘接头处有无打砟现象等。

2. 扣件等联结零件检查

对扣件弹条、轨距块、轨距挡板、轨下胶垫等部件进行状态完整性目视检查；查看是否存在部件缺损、断裂失效，缺失时应及时补齐；各部件间作用状态及间隙是否正常，轨下胶垫是否有压溃、异常窜出，胶接绝缘处是否采用绝缘轨距块；每千米连续抽查50个扣件扭力矩，并对弹性垫板静刚度每年进行抽检，扭力矩不达标或松动处所应及时紧固。

3. 钢轨表现质量检查

对钢轨轨面磨耗、表面剥离裂纹、掉块、擦伤、光带以及全断面锈蚀情况进行目视检查；异常处所使用平直尺复核焊缝平直度、尺量光带、检查线路方向等。钢轨擦伤（轨顶面和侧面，注明是否为工作边），应记录擦伤长度和深度；钢轨表面剥离裂纹及掉块应记录长度和深度；钢轨锈蚀分别记录轨底锈蚀厚度和轨腰锈蚀厚度；钢轨磨耗应分别测量垂直磨耗、侧向磨耗和波形磨耗（谷值和波长）；对未更换下道的轻伤钢轨使用检查锤敲击检查。

4. 轨道外观及其他检查

对有砟道床与下部基础排水通道进行目视检查，查看是否存在道砟散乱堵塞排水通道、排水不畅等问题；对线路标识标记是否清晰，有无脱落，是否稳固有效等进行查看；对线路轨道全面清除检查范围的遗留异物，对垃圾及杂草必须同步清理干净。

有砟轨道结构检查应坚持项目全覆盖、设备一米不漏，检查施行记名式专人负责，检查时间不超周期。若发现问题，应记录问题的具体里程信息、问题的详细描述，必要时拍照留存，并对病害问题情况进行原因分析。

有砟轨道结构如图 6-2 所示。

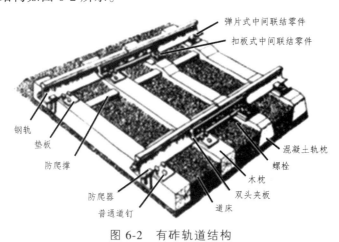

图 6-2　有砟轨道结构

三、路基本体检查作业

1. 路　肩

目视检查路肩和两线间封闭层有无开裂、上鼓、破损、沉降；路肩和两线间封闭层与轨道道床边缘间有无开裂渗水；路肩和两线间有无积水；路肩面有无杂物及杂草等植物。

2. 边　坡

目视检查边坡有无坍塌、滑坡、错台、沉陷；边坡植被防护是否覆盖较差，有无影响线路安全或坡面稳定的树木；坡面有无裂缝、零星活石、松动孤石；坡面有无冲沟、拉槽。

3. 检查有无其他异常情况

检查设备全覆盖，项目齐全、无漏项；检查记录清晰、量化；病害处所拍摄图像资料。对存在较大安全隐患的问题，在检查过程中能立即处理的应立即处理；不能处理的，根据需要采取必要的临时措施。

路基断面形式如图 6-3 所示。

（a）路堤基本形式　　　　　　　　（b）路堑边坡骨架草皮防护

图 6-3　路基断面形式

四、钢梁桥检查作业

目视检查高强度螺栓、铆钉有无松动、断裂、缺少；腻缝有无开裂、流锈；检查连杆、连杆座、联结螺栓有无锈蚀；连杆系统螺帽有无缺少、松动，螺杆有无折断；各杆件、节点板等有无裂纹、断裂、损坏；焊接点有无开裂、脱焊；涂层有无锈蚀；拱脚混凝土有无裂缝、掉块；系杆、锚固部分有无变形等异常；栏杆、步行板有无缺损；安全检查设施各部件有无松脱、锈蚀、损坏，润滑是否良好，动力、传动装置工作是否正常。

其他检查内容包括：通航标志、电源设备及线缆是否牢固，有无破损；检查桥面两侧有无倒伏后可能上栏杆的树、竹；有无其他异常情况。

检查设备全覆盖，项目齐全、无漏项；检查记录清晰、量化；病害处所拍摄图像资料。对存在较大安全隐患的问题，在检查过程中能立即处理的应立即处理；不能处理的，根据需要采取必要的临时措施。

五、隧道设备检查作业

1. 洞　内

（1）无脚手架或轨道车时。

目视（望远镜）检查衬砌有无裂缝、压溃、剥落、掉块、风化、腐蚀、渗漏水；施工缝、变形缝处有无裂缝、变形、错台、剥落；变形缝内封缝材料及止水带有无松脱，缝内有无夹砂浆或混凝土块；道床板与水沟边墙交界处、中心水沟部位有无裂缝、变形错台，有无渗浆、离缝；仰拱填充层有无开裂、沉陷、变形；水沟有无裂缝、破损、变形，沟内水质、流量、水温有无异常；水沟盖板有无缺失、破损；洞身标、应急救援标志是否齐全、清晰；综合洞室内是否有渗漏水、积水、剥落、掉块。

（2）搭设脚手架或轨道车时增加检查。

对衬砌范围，尤其是修补过的处所和施工缝、变形缝处，用敲击杆（距离近时用检查锤）进行敲击检查，有无空响、不密实、剥落、掉块、裂缝等。

2. 隧道进出口

目视检查隧道进出口边仰坡有无危石、崩塌、滑坡、溜坍等；偏压隧道或明洞的山体有无裂缝、变形、滑动；明洞顶填土厚度和坡度是否符合标准；隧道口的天沟、吊沟、截水沟有无淤积、破损等。

检查有无其他异常情况。

检查设备全覆盖，项目齐全、无漏项；检查记录清晰、量化；病害处所拍摄图像资料。对存在较大安全隐患的问题，在检查过程中能立即处理的应立即处理；对不能处理的，根据需要采取必要的临时措施。

隧道常见排水系统如图 6-4 所示。

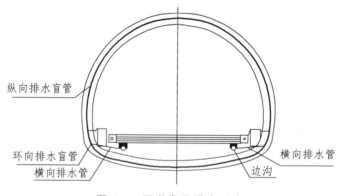

图 6-4　隧道常见排水系统

单元 2　铁路电务岗位行为规范

电务部门负责铁路通信信号设施的养护维修和管理工作。电务部门职工的主要职责有：提供质量良好的通信信号设备；迅速、准确、保密地传达命令、指示与联络，保证全路的统一指挥和正常行车、调车安全。加强电务部门岗位的职业行为规范建设，对于提高电务职工的责任意识，完成各项工作任务，确保运输安全畅通，起着积极的促进作用。

一、铁路电务岗位的职业行为规范

1. 用户至上，主动服务

一切从用户需要出发，切实为用户着想，主动走访征求用户意见，变被动服务为主动服务，变传统服务为科学服务，变习惯服务为标准化服务，充分利用国内外科技成果，保障通信信号设施设备安全，为铁路运输提供准确的信号显示和迅速畅通的通信联络服务。

2. 礼貌待人，用语文明

在与用户交往中，讲文明、有礼貌，树立铁路电务职工文明服务、礼貌待人的良好形象。坚守岗位，深入现场，文明施工，文明作业，精心保养设备，及时发现隐患，及时排除故障。

3. 精检细修，质量第一

树立强烈的事业心和责任感，充分认识铁路通信信号设备状况对于运输安全畅通的重要性；刻苦学习，钻研业务，熟悉各种设备的性能，掌握日常维修技能；严格执行规章制度，按操作规程办事，落实标准化作业，严禁违法违规使用封连线；坚持日巡视、月计表、勤清扫、勤保养等做法，一丝不苟地做好日常维护工作，保证设备运用状态良好。

4. 遵守纪律，注意保密

电务职工工作性质特殊，掌握各种通信信息资源，必须严格执行保密纪律。

5. 主动协作，共保安全

树立全局观念，加强联劳协作，主动与工务、车务和机务部门配合，共同维护铁路运输安全畅通。

二、信号基本作业

信号基本作业包括信号机日常巡检作业、轨道电路日常巡检作业、道岔日常巡检作业、电缆径路日常巡检作业和应答器、室外 LEU 日常巡检作业。

1. 信号机日常巡检作业

（1）检查设备无外界干扰，不影响信号显示。

（2）检查机柱、梯子外观完好，安装稳固，无倾斜。基础稳固、粉饰良好。

（3）检查箱盒、机构无裂纹，密封良好，无损伤、漏水。机柱引入孔封堵良好，蛇管无破损脱落；各部螺丝齐全、紧固、注油良好、开口销齐全，防松装置良好。

（4）外透镜清洁无污垢，不旷动，无破损，密封良好。

（5）设备名称标识牌齐全、完好，标示清晰、正确，标牌支架稳固无歪斜。

（6）基础硬面化清扫、保持清洁。

（7）各部固定装置防松防脱复查，设备加锁良好。

（8）清点工具、材料、周围杂物等，做到现场工完料清。

信号机日常巡检作业如图6-5所示。

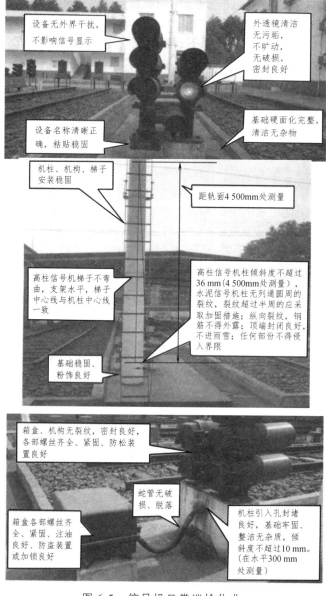

图 6-5　信号机日常巡检作业

2. 轨道电路日常巡检作业

（1）结合部检查：检查钢轨绝缘外观良好，轨缝标准；钢轨绝缘处扣件不得碰触接头夹板（鱼尾板）。

（2）检查道岔连接杆、连接板及安装装置绝缘外观良好。

（3）检查送、受端引线，轨端接续、道岔跳线完好，防混措施良好，各类引接线油润。

（4）检查外界对设备的干扰，发现问题及时处理。

（5）检查箱盒有无破损、漏水，加锁装置良好。

（6）检查箱盒外部螺栓紧固，作用良好。

（7）基础面及设备外部清扫。

（8）轨道区段名称标识清晰、整洁；各类引接线油润。

（9）双套化轨道箱连线电流测试检查，不记录。

（10）补偿电容罩外观无破损，安装固定良好，电容引接线外皮无破损。

ZPW-2000 轨道电路防护盒、扼流变压器、绝缘节如图 6-6 所示。

图 6-6　ZPW-2000 轨道电路防护盒、扼流变压器、绝缘节

3. 内锁闭道岔巡检作业

（1）检查设备有无外界干扰，道岔滑床板清扫情况，确保道岔岔区无异物卡阻隐患。

（2）检查基础无破损，粉饰良好。硬面化完整，电缆不外露。

（3）检查箱盒无破损、漏水，加锁装置良好。箱盒蛇管安装固定良好。

（4）检查转辙机及安装装置无损伤；各种绝缘外观良好。道岔防尘罩安装固定良好。防松防脱措施良好。

（5）检查电液转辙机外部油路无渗漏，油管无破损，固定、防护良好。

（6）检查道岔外部杆件、转辙机、箱盒外部螺栓无松动，开口销是否齐全、标准。

（7）检查转辙机内部机件无松动、断裂、损坏和异状，防尘良好、无漏水情况，各部螺丝紧固。

（8）道岔强度试验。扳动试验2毫米锁闭、4毫米不锁闭，单点牵引道岔牵引点及多点牵引道岔第一牵引点中心线处密贴尖轨（心轨）与基本轨（翼轨）间有4毫米及以上水平间隙时，其余密贴段牵引点中心线处有6毫米及以上水平间隙时，不应锁闭或接通表示。

（9）确认道岔表示。检查表示缺口符合标准，不良调整（缺口监测分机工作正常，数据与现场一致）。

（10）电务负责的滑床板清扫、注油。

（11）基础面、设备外部清扫。确保设备标识清晰，固定良好，各部螺丝、活动部位油润。

三、通信基本作业

通信基本作业包括通信线路日常巡检作业、无线列调区间中继台（器）日常巡检作业、天馈线系统日常巡检作业、视频监控前端采集设备日常巡检作业、通信杆、塔日常巡检作业和隧道应急通信系统终端日常巡检作业。

1. 无线列调区间中继台（器）日常巡检作业

（1）在中继台下，检查区间中继台（器）天线及馈线连接线外观及强度：天线支架连接牢固可靠，天线方向角应指向铁路方向，各物件无锈蚀、无缺损；馈线安装牢固，馈线体无明显的折、拧现象，无裸露铜线，馈线无破损、无老化、无龟裂、无污垢，吊索无锈蚀，吊挂牢固，挂钩均匀。

（2）检查区间中继台（器）雨篷外观及强度：安装牢固，雨篷面无破损，固定螺丝无锈蚀，雨篷面应在区间中继台正上方。

（3）检查区间中继台（器）外观及强度：箱门关闭良好，箱体良好，无破损、锈蚀现象。

（4）检查区间中继台（器）引下线外观及强度：引入、引出电缆固定良好，无烧焦、破皮，引入、引出口封堵良好。地线连接牢固无松动，无烧焦、破皮。

区间中继台（器）日常检修如图6-7所示。

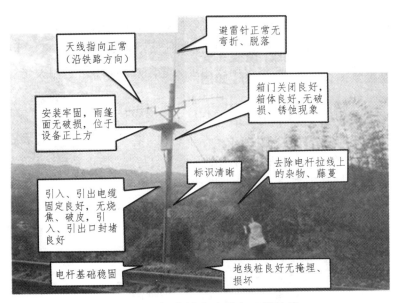

图 6-7　区间中继台（器）日常检修

2. 视频监控前端采集设备日常巡检作业

（1）用肉眼观察设备固定位置螺丝紧固情况、线缆绑扎情况、地线连接情况、镜头清洁情况；螺丝紧固无锈蚀、线缆绑扎规范、地线连接可靠、镜头前无杂物遮挡。

（2）对发现的问题及时处理，紧固螺丝、清除异物。

视频监控前端设备如图 6-8 所示。

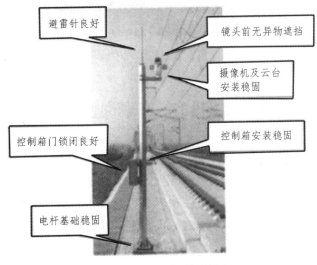

图 6-8　视频监控前端设备

3. 通信杆、塔日常巡检作业

（1）远观杆塔，注意观察杆塔是否有明显倾斜，杆塔附属物是否有脱落痕迹。

（2）检查杆塔基础及周边环境，查看地理地质条件。要求铁塔基础牢固可靠、无沉降、偏移，混凝土无裂缝、酥松，塔脚周围地质结构或土地无开裂、塌陷、下沉、滑移、突起、积水，塔基周围防洪设施或边坡无塌陷或损坏；塔基相关建筑结构牢固、无损伤。

（3）检查杆塔构件、螺栓、法兰盘、焊缝等。要求铁塔构件牢固，无缺损、扭曲、弯折、裂缝、塑性变形，焊缝无开裂、无严重锈蚀，各部位螺栓、螺母齐全、无松动；法兰盘连接牢固、平整；塔脚底板与基础面接触良好，"禁止攀登"标志牌无缺失、破损、松动。水泥杆身无裂缝，泥块无松动掉落。

（4）检查杆塔上安装的附属设备、天馈线系统。要求天线、综合视频监控摄像头及配电等应安装固定牢靠，各物件无锈蚀、无缺损。

杆塔上安装的设备如图 6-9 所示。

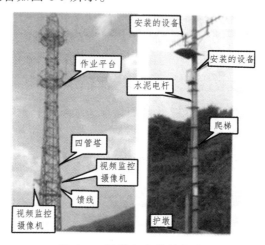

图 6-9　杆塔上安装的设备

单元 3　铁路机务、车辆岗位行为规范

铁路机车作为铁路运输的动力，承担着客货列车运行牵引和列车车辆编组、解体、调车作业的任务。为保证机车良好的技术状态，应有进行检修和整备作业的机务段、机车检修段等机务维修机构。为了保证车辆良好的技术状态，应有进行检修和整备作业的车辆段等车辆维修机构。为保证动车组良好的技术状态，应有进行检修和整备作业的动车段、动车所等维修机构。

机务部门虽然与旅客、货主不直接见面，不提供面对面的服务，但机车质量和列车牵引运行的安全，关系国家财产和旅客、货主生命财产的安全。加强机务和车辆部门职工的职业道德建设，增强责任意识，提高职业素养，强化职业纪律，对于提高车辆检修质量、确保运输安全生产至关重要。

一、铁路机车车辆设备

（1）机车按牵引动力方式分为电力机车、内燃机车，传动方式主要有交流传动和直流传动。

（2）机务段、机车检修段根据承担机车运用、整备、检修的范围配备必要的机车运用、整备、检查、检测、修理设备和设施。机车整备根据需要应有股道管理自动化系统和整备库（棚）、检测棚、整备线检查坑和作业平台等设施，设置机车补充砂、水、润滑油、燃料及转向、检查、检测、清洗、保养、卸污、化验等机车整备设备；配备机车检修必要的设备、设施；电力机车整备线的接触网应有分段绝缘器、隔离开关设备及联锁标志灯等。

（3）配属、支配使用内燃机车的机务段根据运用整备需要还应有 1~2 个月的机车燃料储存油库。

（4）车辆按用途分为客车、货车及特种用途车（如试验车、发电车、轨道检查车、检衡车等）。车辆段应有车辆修理库、油漆库、配件检修库、预修库、车辆停留线和轮对存放库，并按车辆检修作业要求配备相应的起重、动力、配件检修、储油、压力容器、试验、化验、探伤、照明及废油、污水和污物处理等设备和设施，还要有检测、维修车辆运行安全监测系统、轴温报警、客车尾部安全防护装置和车辆信息化系统、车辆集中空调及管道清洗消毒等设备和设施。

（5）动车段、动车所应具备动车组运用检修、行车安全设备检修、客运整备能力及相应的存车条件；承担动车组三、四、五级修程的动车段还应具备动车组相应修程的检修能力。

（6）自轮运转特种设备是在铁路营业线上运行的铁路轨道车、救援起重机及铁路施工、维修专用车辆（包括架桥机、铺轨机、接触网作业车、大型养路机械等）。

二、铁路机务岗位的职业行为规范

机务段按工作性质分为运用检修整备和设备等车间。机务部门职工从事动车组、内燃机车、电力机车司机和检修、整备等相关岗位的工作。

1. 安全正点，平稳操纵

机车乘务员在担任牵引任务的全过程中，包括出勤、整备出库、挂车、发车、区间运行、到站、交班等各项作业，都要坚持铁的纪律，严格按照有关规章制度和标准，精心操纵，一丝不苟，维护正常运输秩序。安全正点、平稳操纵，是机车乘务员作业的基本规范，要求机车乘务员牢固树立"安全第一""开车想着乘车人"和国家、人民利益"系于我身"的责任意识；刻苦钻研技术业务，掌握先进机车设备的驾驶检修技能，熟悉机车的安全防控设备性能；严格执行标准化作业，精心操纵，认真瞭望，杜绝违章解锁，保证列车安全正点运行。

2. 精检细修，保证质量

机车质量是确保运输安全的关键，高质量的检修是保持机车良好运行状态和安全运行的基础。精检细修、保证质量，要求机车检修人员树立为运输服务的思想，整备想着运用、修车想着用车人，千方百计为运用部门保证机车状态良好；刻苦钻研技术，缩短机车检修停时，提高检修效率；认真执行检修制度和工艺规程，精心检修，精心养护，干标准活，交放心车，确保机车整体质量。精检细修，保证质量，要求机车乘务人员做好日常保养和自检自修，严格遵守修理制度、随时注意机车技术状态。

3. 爱护设备，勤俭节约

机车及机务设备在铁路固定资产和成本支出中占有很大的比重，机务系统作为铁路节能降耗的重要部门，切实节省燃料、油脂等各种能源材料，对于建设节能环保的和谐铁路、推进节约型社会建设具有重要意义。爱护设备、勤俭节约，要求机务部门职工树立节约意识，从全局出发，正确处理节约与机车质量、节约与安全正点的关系；加强日常机车检修管理，爱护机车和各种设备，做到勤擦、勤洗、勤保养；大力节能降耗，在保证运用和检修质量的前提下，尽可能地节省燃料、油脂和各种材料，降低检修成本和运营支出。

4. 团结协作，顾全大局

机车运行涉及行车、车辆、工务、电务等多个部门。机务部门确保安全正点、按图行车，维护正常运输秩序，完成运输生产任务，必须与车站等单位主动配合、紧密协作，机务部门职工要服从集中统一指挥，严格执行调度命令，按图行车，安全运行；紧紧抓住关键环节、关键部位，加强车机联防联控，实现安全有序可控、持续稳定。

铁路机车如图6-10所示。

图6-10 铁路机车

三、铁路车辆部门岗位的职业行为规范

铁路车辆部门主要工种有车辆检车员、车辆钳工、车辆乘务员和制动钳工。

1. 车辆检车员岗位的职业行为规范

（1）爱岗敬业，忠于职守。

热爱本职工作，吃苦耐劳，甘于奉献，深刻认识检车工作对于铁路运输安全畅通的重要性，时刻牢记肩负的责任，牢固树立职业荣誉感，认真负责，精益求精地做好检车工作，不断提高检车质量，确保列车运行安全。

（2）精心检修，保证质量。

严格遵守各项规章制度，按标准及技术要求检查、维修车辆，坚决杜绝各种违章作业行为；不存侥幸心理，严把质量关，不漏检漏修，不离岗串岗，爱护车辆设备；加强技术业务学习，练就过硬的检车技术本领，能够及时发现各种故障和事故隐患，迅速处理，绝不拖延，确保列车安全正点。

（3）团结协作，共保安全。

时刻以大局利益为重，搞好与车站、车务及机务部门的联劳协作，互相支持、互相配合，共同维护铁路运输安全。

2. 车辆钳工岗位的职业行为规范

（1）钻研技术，提高素质。

适应铁路车辆装备发展进步的要求，刻苦学习钻研技术业务，掌握过硬的技术本领，不断提高自身素质和技术水平，确保车辆维修质量。

（2）程序规范，一丝不苟。

严格按照规章制度、技术标准、工艺要求检修车辆，绝不随意简化修车工艺程序，绝不违章蛮干，严把修车质量关，将各类事故隐患根除在车辆维修过程中。

（3）顾全大局，联劳协作。

加强车间之间、工种之间、班组之间、上下道工序之间的分工协作，相互配合，相互支持，共同完成车辆检修任务，确保检修质量和效率。

3. 车辆乘务员岗位的职业行为规范

（1）心系旅客，确保安全。

牢记安全第一，时刻想着旅客安全，一切为了旅客安全，做到及时上岗，消灭漏乘，绝不擅离职守。

（2）遵章守纪，尽职尽责。

严格执行规章制度和作业程序，落实卡死制度，标准化作业，绝不漏检漏修；坚持巡视，及时发现各种隐患，迅速处理出现的故障，确保列车安全正点运行。

（3）顾全大局，团结协作。

服从运输工作大局，主动和列车长、列车员协作配合，自觉接受列车长的领导，积极配合列车长开展工作，主动协助处理好列车运行中临时发生的各种情况。

（4）尊重旅客，文明作业。

按规定着装，佩戴工作标志；与旅客打交道时态度和蔼、语言文明、讲究礼貌；严格遵守有关乘务纪律，自觉维护铁路的路风路誉。

四、动车组司机主要乘务作业

动车组司机是铁路运输的主要技术工种，担负着驾驶动车组，维护动车组列车安全正点的责任。动车组司机必须熟练掌握作业标准，做到遵章守纪、按标作业、平稳操纵、安全正点。

复兴号司机操纵台整体布置如图6-11所示。

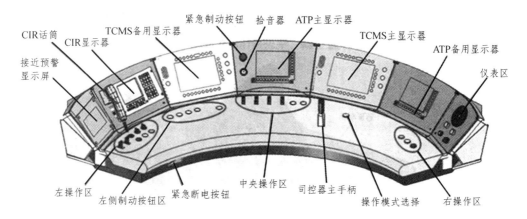

图 6-11　复兴号司机操纵台整体布置

1. 出段（所）作业

（1）车机联控。

动车段（所）内整备作业完毕，与停留地点所属信号楼执行车机联控，了解出段（所）、存车场经路，确认信号显示正确，厉行确认呼唤，鸣笛（限鸣区段除外）动车。在动车段（所）内运行遇 ATP 输出制动停车时，必须与车站（段、所）联控确认后，方可继续运行。

在检修线（库）内转线前应与动车所调度员联系，确认门禁表示器开放后，方可与车站值班员执行"问路式"调车联控，确认具备转线条件时，再行动车。

（2）动车组运行。

动车组运行时，必须在运行方向前端司机室操纵。非操纵端司机室各操纵开关、手柄应在规定位置，门、窗均应锁闭。行车安全装备必须全程运转，按规定正确操作使用，严禁擅自关机。不得使用车载无线通信设备进行与行车无关的通话，并应遵守保密的规定。

（3）不良天气运行。

遇雨雪冰霜等不良天气，动车组在动车段（所）、存车场内出库时，应选择适当地点施加制动，观察制动效果，确认制动状态。在与车站分界处，按规定执行车机联控。

（4）进入车站。

进入车站，按动车组停车位置标志，做到一次稳准停妥，无特殊原因，禁止再次移动列车；停车后，实施最大常用制动，确认停车位置正确。

（5）开门。

接到列车长（押运人员）"开门"通知时，确认停车位置 DMI 显示的站台信息正确后，及时开启站台侧集控车门；如自动开关门装置故障，通知随车机械师。

对标和开门作业要认真执行确认呼唤制度。

（6）添（登）乘动车组司机室。

动车乘务组以外人员添（登）乘动车组司机室时，由动车组乘警（无乘警时由列车长、随车机械师或列车员等列车工作人员负责）在司机室门外验证审核后使用无线对讲设备通知司机开门，经司机确认、许可后方可进入司机室。进入司机室后，司机要严格查验、登记添（登）乘人员的证件，对不符合规定人员，一律拒绝添（登）乘司机室。添（登）乘人员要在动车组司机手账记事栏内签名。

添（登）乘动车组司机室只准在始发站、换乘站办理，中途停车站不得受理。同一司机室添（登）乘人数不得超过 2 名，不得影响司机的正常工作。

因临时任务急需，相关人员可凭列车调度员发布的调度命令登乘动车组司机室。专运任务需添乘时，可凭相关证明登乘动车组司机室。

2. 发车准备与发车

（1）核对 CIR、ATP、GSM-R 手持终端设置。

（2）动车组列车在始发前需在操纵端进行简略制动试验（动车组终到车站，不退出司机室占用，再同向始发时除外）。

（3）开车前 2 分钟，预报发车时分，确认操纵端司机室各门、窗锁闭；确认操纵台上的车载信息监控装置、DMI、MMI 设置正确，开关、按钮、手柄位置正确，仪表显示正常；装备停放制动装置的动车组，确认制动手柄在最大常用制动位、停放制动已缓解；对前方办客站固定股道、固定站台及区间运行揭示进行预报。

（4）根据开车时间，确认呼唤行车凭证正确、车门关闭、缓解制动，按开车时分鸣笛启动列车。

① 开车前根据本次列车长的通知关门。

② 具备开车条件后，记录开车时分。

③ 列车启动时报点，头部越过车站最外方道岔后，确认操纵台显示屏和仪表显示状态。

在牵引初始位置稍作停留，根据目标速度值将主控手柄置于适当级位，并做到起车稳、加速快。

3. 途中正常情况运行

正常情况下，必须在运行方向前端司机室操纵。运行中应参照列车操纵示意图、提示卡操纵列车，严格执行确认呼唤和联控制度，做到"彻底瞭望、确认信号、准确呼唤、手比眼看"，坐姿端正，动作规范。需确认操纵台设备时尽可能选择在线路平直的区段，先"外"后"内"，减少中断瞭望时间。

服从命令，听从指挥，牢固树立安全、正点意识。严格遵守列车运行图规定的运行时刻和各项允许及限制速度、按信号显示要求行车。

遇有信号显示不明、不正确或发现危及行车和人身安全时，立即采取减速或停车措施，并报告列车调度员（车站值班员）。

运行中不得离开司机座位（紧急避险、停车状态故障处置时除外）。

4. 列车进、出站

列车进站前，按规定进行车机联控或确认 CIR 进路预告信息（接收到办客站的股道信息后，须对司机手账上记录的办客股道进行核对）。确认进站凭证、ATP 显示的允许运行速度值，控制列车运行速度。通过列车在站中心报点，停站列车停车后记点，确认正晚点时分。

（1）进站停车作业。

① 进站停车时，应采取"固定初制地点，固定制动级位，固定速度控制，固定参照目标"相结合的统一操纵模式，减少制动级位调整。

② 在接车股道站台头部，确认 ATP 语音提示（"左/右侧站台"）正确；在接车股道站台中部，执行警惕呼唤，按停车位置标志，做到一次稳准停妥；停车后，确认停车位置、ATP 语音提示和 DMI 显示站台信息正确后，及时开启站台侧集控车门；如自动开关门装置故障时，通知随车机械师。对标和开门作业要认真执行确认呼唤制度。

③ 开车前，司机根据本次列车长的通知关闭集控车门。

④ 坚守岗位，不得擅自离开司机室（特殊情况需离开司机室时，须锁闭司机室

门，携带 450MHz，GSM-R 手持终端，并汇报列车调度员，通知随车机械师看守）；等会列车不准降弓、断"主断"、关闭辅助电源装置，并应按规定显示列车标志。

⑤ 动车组列车在车站办理客运业务时，须固定股道、固定站台、固定停车位置。通过列车原则上应在正线办理。

⑥ 办理客运业务的动车组列车因故未完全停靠站台后，司机要立即向列车调度员（车站值班员）报告停车情况。在停车原因消除后，司机应启动列车，将列车停靠至规定位置。

（2）开车出站。

① 动车组列车在停车站开车前，对前方车站固定股道、固定站台和区间运行揭示进行预报。

② 动车组列车在停车站出站后，头部越过车站最外方道岔后，确认操纵台显示屏和仪表显示状态。

5. 终到作业

（1）有运用干部添乘时，应出示添乘指导簿，请添乘运用干部填写本趟添乘指导意见或签署"检查意见"。

（2）动车组列车终到站按标停车后，保持列车最大常用制动状态，确认停车位置正确及站台侧后，开启站台侧集控车门（确认列车在得到开门的通知后，打开站台侧集控车门）。

（3）入段（所）前，司机根据随车机械师的通知要求，确认或换升受电弓作业。

（4）接到"关门"通知时，关闭车门。与车站联系，了解入段（所）、存车场经路。确认信号显示正确，厉行确认呼唤，鸣笛动车。

（5）严禁做与行车工作无关的事情。严守段（所）、存车场内走行速度规定，由近及远逐架确认呼唤信号。

（6）到达动车所存车场（线）停妥后，应与动车所调度员联系。动车所调度员通知就地停放时，司机按规定降弓，并做好防溜措施；动车组车底需转线进入检修线存放时，动车所调度员应向司机传达调车转线作业计划。

（7）动车组在设有车辆值班室的车站（存车场）存放时，在车辆值班室，与值班人员办理钥匙交接手续；在未设车辆值班室的存车场存放时，在存车场大门门卫室，与车站安排的胜任人员办理钥匙交接手续；车站到发线存放时，在车站行车室与车务应急值守人员（车站值班员）办理钥匙交接手续。

6. 退　勤

（1）到退勤地点办理退勤手续。在动车段（所）内办理退勤时，与动车调度交接司机室驾驶操纵设备技术状态；按规定填记、复核司机报单，总结本次乘务工作，分析安全正点情况，并做好记录。

（2）退勤时，接受酒精含量测试，按规定汇报途中运行、安全正点、行车安全装备使用、车机联控执行等情况。

（3）交还司机报单、交付揭示、列车时刻表、司机手账、添乘指导簿、车机联控信息卡等，并做好途中添乘人员的登记，办理退勤手续。

单元4　铁路运输岗位行为规范

在铁路运输中，包括车站、车务段等基层生产单位，直接承担客货运输任务。铁路客货运输窗口岗位，是指铁路运输企业直接面向旅客、货主的工作岗位。铁路客货运输窗口岗位的职工，即在铁路运输企业直接为旅客运输和货物运输服务的铁路职工。行车组织部门负责客货运输组织、列车编组的具体工作。铁路客货运输的工作性质决定了加强铁路运输部门员工的职业岗位行为规范，对维护路风路誉、铁路企业形象和全社会精神文明建设具有重要意义，是铁路行业精神文明建设的重要标志。

一、铁路旅客列车岗位职业行为规范

铁路客运列车岗位包括：列车长、列车员、餐车主任、厨师、炊事员、服务员、供水员、行李员、广播员等。他们虽然分工不同，但具有服务直接、任务繁重、责任具体、接触旅客面广、面对矛盾和问题多等职业特点，有着共同的职业行为规范要求，主要包括以下几方面。

1．勤恳敬业

热爱旅客列车服务工作，有高度的职业责任感和强烈的进取精神，做到工作勤奋，业务熟练。

2．廉洁奉公

坚持"人民铁路为人民"的服务宗旨，自觉维护铁路的路风路誉，做到公道正派，不徇私情。

3．顾全大局

服从领导，尊重同事，做到团结协作，密切配合，共同为旅客提供良好服务。

4．遵章守纪

忠于职守，服从指挥，严格执行客运工作的规章制度和职业纪律。

5. 优质服务

根据旅客的不同需求提供相应服务，做到全面服务，重点照顾，主动热情。

6. 礼貌待客

尊重旅客习俗习惯，诚信服务，讲文明、有礼貌，做到行为端庄，举止文明。

7. 爱护旅客行李

在旅客行李和高铁快件货物运输过程中，爱护国家财产和人民群众的私有财产，做到文明装卸，认真负责。

二、铁路车站客运岗位职业行为规范

作为铁路车站客运岗位员工要清楚地认识到自身职业行为代表着铁路的形象、国家的形象、民族的形象，自觉践行"人民铁路为人民"的服务宗旨和社会主义核心价值观，牢固树立以旅客为本的服务理念，从旅客的实际需求出发，提高思想道德、职业操守、诚信服务，提高客运业务和服务技能等综合素质，以高尚的道德、优质的服务、良好的形象，为铁路、为祖国赢得更多的荣誉。

铁路车站客运岗位包括客运计划员、售票员、车站行李员、行李计划员，客运值班员，客运服务员、客运员、检票员等。他们都是铁路客运站直接面向广大旅客的工作人员，有着共同的职业行为规范要求。

1. 善于学习，业务熟练

刻苦学习本岗位专业知识，熟练掌握业务技能，保证旅客运输组织有序、均衡发展，工作效率高、质量好。

2. 语言文明，态度和蔼，待人热情

准确迅速地完成售票，减少旅客排队等待时间；耐心宣传解释旅行常识，积极宣传铁路安全知识。

熟悉主要车次到站和运行时间，主动向旅客提供出行参考，满足售票咨询服务要求，为旅客提供方便。

3. 举止文明，仪容整洁

文明礼貌，谈吐文雅，举止大方，精神饱满，表情自然，着装统一规范，佩戴职务标志，以展示铁路员工文明庄重、热情朴素的良好形象。

4. 热情服务，平等待人

树立旅客至上的服务理念，认真履行岗位职责，扶老携幼，帮困助残，平等对待每一位旅客，照顾重点旅客，主动热情地为旅客排忧解难。

5. 严格要求，按章办事

切实履行客运服务指导、督促、检查职责，严格管理，严格考核，确保各项规章制度的落实，严格标准化作业，不断提高客运服务水平。

6. 虚心诚恳接受监督

切实履行接待旅客及社会各界对客运站服务工作批评监督的职责，认真负责、热情诚恳、耐心细致地做好接待解释工作，善于接受旅客及社会的批评意见，不断加强和改进客运服务工作。

三、铁路货运岗位职业行为规范

铁路货物运输包括进货、承运、运送、到达、卸车、清点交付及货物仓储等生产过程。铁路运输承担着确保煤炭、粮食、石油、木材等关系国计民生的重点物资的运输任务以及各类军运、特运、专运任务，为满足人民群众生产生活需要，保证国民经济平稳运行提供了有力的运输支持。铁路货运职工养成良好的职业道德，认真履行岗位职责，做好货运服务工作，对于确保重点物资运输，促进经济社会又好又快发展具有重要意义。

铁路货运岗位包括货运值班员、货运员、装卸值班员、装卸工长（组长）、装卸机械司机、装卸工、司索工等，他们在货物运输的各个环节，承担着具体的服务工作，有着相近的业务特点和共同的职业行为规范要求。

1. 勤恳敬业

热爱货运服务工作，有着高度的职业责任感和强烈的进取精神，工作勤奋，业务熟练。

2. 秉公办事

树立货主至上的服务理念，自觉维护铁路的路风，不刁难货主，不以车谋私。

3. 顾全大局

尊重同事，团结友爱，协同作业，共同完成货物运输工作，执行有关规章制度和职业纪律。

4. 遵章守纪

忠于职守，认真学习铁路货运技术业务知识，严格执行有关规章制度和职业纪律。

5. 优质服务

服从指挥，讲文明、有礼貌，尽职尽责，做好货运服务工作。

6. 爱护货物

文明装卸，提高工作效率，保证货物运输安全。

四、铁路行车组织岗位职业行为规范

铁路行车组织岗位有调度员、车站值班员、助理值班员、调车员、连接员、制动员等，按照提高运输组织效率、完成运输生产任务、保证安全正点、体现良好路风的工作要求，他们有着共同的职业行为规范。

1. 严守规章，保证安全

严守规章，保证安全是铁路行车组织岗位职工各项作业的内在要求，是维护正常运输秩序、确保大动脉畅通以及国家和人民群众生命财产安全的客观需要。严守规章、保证安全，要求职工牢固树立安全第一、预防为主的理念，坚持铁的纪律，养成自觉遵章守纪、严格执行标准化作业的良好习惯。

2. 通力合作，按图行车

铁路运输点多线长、互联成网，跨越省区、贯通全国，运输产品是由一个复杂体系来完成的。必须按照运输组织方案、列车运行图要求的时间、标准化作业，联劳协作、环环相扣，保证运输秩序正常、安全畅通。通力合作是行车各岗位职工密切配合、团结协作、顾全大局的表现，按图行车是行车部门职工的"天职"。通力合作、按图行车，要求行车部门各岗位职工时刻想着铁路工作全局，无条件地服从全局利益，既要履行好本岗位职责，又要加强与机务、车辆、工务、电务等部门的配合，相互尊重，增强团结，共同完成运输任务；要求在日常行车工作中坚持集中统一指挥、逐级负责的原则，与运输有关的人员必须服从调度的指挥，严格执行运行图规定的列车占用区间次序、列车在每一车站到达和出发（或通过）的时刻、在区间的运行速度、在车站的停留时间等，保证正常运输秩序，保证列车运行安全。

3. 忠于职守，尽职尽责

忠于职守，尽职尽责是铁路职工的光荣传统，是行车部门岗位职工应该承担的职业责任、职业义务、职业纪律的集中体现。它包含踏踏实实、尽职尽责、不计较个人名利和得失的道德风尚，干一行、爱一行、钻一行的敬业精神，吃苦耐劳的奉献精神。忠于职守、尽职尽责，要求行车部门职工，认真履行岗位职责，严格执行行车纪律，标准化作业，做到沉着冷静、多谋善断、预想良策、合理指挥；紧盯列车进路，严防错办；确保运输组织有序、安全畅通。

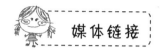

媒体链接

铁路运输的"最强大脑"

中国铁路网越织越密，每天8 000多列旅客列车，2万列货物列车穿越繁华都市、田野阡陌，每天运输900万名旅客、900万吨货物，创造了用世界铁路9%的里程完成1/4工作量的奇迹。这张铁路网就是国铁集团调度部调度处71名调度员奋斗的职业舞台，中国铁路网延伸到哪里，他们的舞台就延展到哪里，调度指挥的列车就开向哪里，确保运输安全有序高效，最大限度管好、用好中国铁路网资源，是他们的奋斗目标与职责所在。

1. 应急有序、应急有效、应急有备

关键时刻应急有序、应急有效、应急有备，得益于物防、技防水平的提升，也源于调度处强化安全管理基础，形成了一整套保证运输安全的制度与操作流程。

2018年暑运62天，发送旅客6.55亿人次，高峰日发送1 208.5万人次，货运单日卸车最高达155 404车，集装箱单日装车首次突破2万车。

面对暑运客流高峰，面对宝成、成昆等线因14轮强降雨和"玛莉亚""温比亚"等7个台风轮番侵袭造成的195次断道险情，作为中国铁路运输的"神经中枢"，调度处快速响应、科学指挥，确保了暑运安全平稳有序。

7月12日，宝成铁路王家沱至乐素河区间山体发生大面积连续崩塌，客货运输完全中断。灾情发生后，通过现代化的调度信息系统，调度处当班调度第一时间启动一级预警，按照应急处置流程图，果断扣停了在该区间运行的多个铁路局集团公司的列车，并封锁区间。

在16天的抢险鏖战中，调度处指导相关铁路局集团公司制订救援方案并对方案进行审核，合理利用资源，开行抢险列车621列，并挖掘西成高铁运能，满足出入川旅客的运输需求。

近年来，调度处完成了新版《铁路运输调度规则》的修订和发布实施，形成了以调规为首的一系列调度安全生产制度；以安全生产标准化建设为抓手，制定《调度所安全生产标准化建设实施办法》，提升安全管控和作业单元自控保障能力；规范了总公司应急中心启动机制，明确了应急响应标准、处置流程。

2. 服务"一带一路"建设

除了打好防范化解重大风险、精准脱贫、污染防治三大攻坚战外，展示新作为，是铁路调度人的新使命。

从月均 1 列到日均 10 列，自 2011 年开行以来，中欧班列累计开行数量已超过 10 000 列，到达欧洲 15 个国家 43 个城市，在开行数量大幅增长的背后，是调度人的一个个不眠夜。

调度处集装箱调度台仅有 4 个人，一年下来要盯控协调 4 000 列左右的中欧班列的运输路线、运到时限，数据之大、项目之多，非常人所能想象。

为提高盯控效率，调度处创新空车空箱调配思路，联合总公司信息中心研发了中欧班列运行盯控系统，利用信息化手段盯控每一列车经过的每一个站点，为国内外客户提供跨境全程物流服务，提升了中欧班列的开行质量和效率。

哪里有人民的需要，列车就开到哪里，运行图就铺画到哪里。在火车越开越快的今天，全国还有 81 对票价低、编组短、站站停的"慢火车"在出行不便的老少边贫地区开行，覆盖 21 个省区市，途经 35 个少数民族地区。

调度部在全路组织开行了 1 651 列、途经 592 个国家级扶贫县的旅客列车。如今，火车已成为当地老乡的脱贫车、致富车。

3. 切合实际将路网资源最大化利用

市场需求每天都在变化，铁路运营环境也不同，如何切合实际将路网资源最大化利用，需要凝聚全路调度系统的集体智慧。

每天早上调度处的调度员都会和铁路局集团公司调度员进行对话了解运输情况，8 时、18 时开交班会，10 时、16 时开班中碰头会，在频繁的沟通、协调中，提出有针对性、可操作性强的措施和建议。

调度处积极发挥货运承运清算、全面预算管理等体制机制优势，持续深化运输生产组织创新，提高了运输组织质量。利用大数据技术，调度处完善日常分析、定期分析和专题分析制度，提升了分析质量，为调度组织精细化提供了有力支撑。

调度处积极推动智能调度系统建设，推进车流推算软件的研发，开展了调度大数据梳理、入库和相关应用，调度指挥大数据平台应用初见成效。

4. 自觉苦练内功，达到熟、准、快

作为全路调度指挥中枢的调度员，面对天地人车图，组织装卸排交接。他们的每一个调度命令都会"牵一发而动全身"。

作为全国铁路网的"最强大脑"，每名调度员自觉苦练内功，达到熟、准、快的

境界，在调度背规大赛上，有的调度员能一字不差地背出任一本规章的任一条内容，他们还个个都是"多面手"，熟练地掌握全路不同线路特点、不同车站作业方式、不同列车的运到时限、不同人员作业习惯等。

高铁运行图是按 15 秒为单位精细铺画的，调度处内几乎每个调度员都做过这样的梦，在梦中背诵着规章文电，铺画着列车运行图，记忆着每一个区间每一列车的运行时间。

成为全国铁路运输"最强大脑"，靠的是每名调度员日复一日的勤学苦练，同时也靠一代代调度人的坚守与传承。年初，一名老调度员退休前，将他总结了 20 年的厚厚一摞工作日记传给了新来的调度员，同时也把对调度事业的挚爱传递给了他。

2018 年除夕夜是调度四班连续第四年在除夕夜值守，对他们来说，这一天与其他 364 天没什么不同，选择了铁路调度这个职业，也就选择了奉献与坚守。

图 6-12　铁路调度员

（资料来源：《人民铁道》报）

复习思考题

1. 铁路工务岗位的主要职业行为规范是什么？
2. 铁路电务岗位的主要职业行为规范是什么？
3. 铁路机务岗位的主要职业行为规范是什么？
4. 铁路车辆岗位的主要职业行为规范是什么？
5. 铁路客货运岗位的主要职业行为规范是什么？
6. 铁路行车岗位的主要职业行为规范是什么？

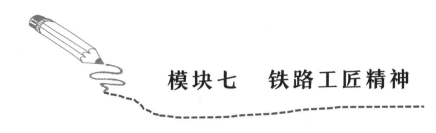

模块七　铁路工匠精神

学习目标

掌握工匠精神的内涵，弘扬铁路工匠精神。

案例分享

敢于创新的"巧工匠"

一身洗得发白的工作服，脚穿解放牌电绝缘鞋，头戴安全帽，身背工具箱，在向前延伸的铁路沿线上边走边查看，直至身影消失成一个点，平均每天近 20 千米的巡检，这一走就是三十余年。三十年，从一名普普通通的信号工成长为铁路信号高级技师；从蒸汽火车到内燃机车、电力机车，再到高铁动车，如成千上万的铁路建设者一样，在改革开放的历史浪潮中诠释着不畏艰苦、坚忍顽强的拼搏精神，在平凡的岗位上默默奉献，见证了中国铁路从"普通"到"高速"、从"引进来"到"走出去"的发展历程。

他，就是沈廷山，中铁十局电务公司一名铁路信号工。自参加工作成为施工队一名信号员以来，30 多年如一日，他扎根一线，先后参与完成京九铁路、京沪铁路、胶济铁路、阜淮铁路、济青高铁等多项国家重点工程的新建、改扩建施工；他精心育人，先后为企业培养项目经理、副经理、技术主管等岗位人才累计近 30 余名；他勇于创新，先后完善"电源线绑把"等 7 项施工工艺，创新"方向滑轮拉电缆技术"等 3 项技术，完成"提高室外箱盒配线工艺质量"等技术课题 10 余项，他爱企胜家，在他心里，企业为重、家庭为轻，工作最重、名利最轻。他用执着的信念默默奉献，坚守着对企业的忠诚。

三十多年的工作积累和技术磨炼，沈廷山对铁道信号专业知识的掌握及操作已达到了行业内顶尖水准。在京九线电气化改造工程中，他先后发明了方向滑轮拉电缆技术等 3 项革新技术，将工效提高了近三倍，为企业节省工费和材料费 100 余万元。在徐州枢纽应急改造信号工程中，他主持的"消除信号电缆绝缘不良问题"课题，攻克了信号电缆绝缘不良的惯性问题，使整个徐州枢纽340条公里站内信号电缆绝缘不良降为零，杜绝了因此造成的经济损失。他带领技术人员针对室外箱盒工艺进行科技攻关，攻克"提高室外箱盒配线工艺质量"等十余项技术课题。

憨厚朴实，默默奉献，在他身上，我们看到了一个个中国铁路人不懈坚守的执着信念，还有那一腔热血迸发出的不竭力量。他将责任和使命化作坚持的动力源泉，诠释着当代产业工人扎根一线无私奉献的伟大品格。

轨道电路设备如图7-1所示。

图7-1　轨道电路设备

单元1　新时代工匠精神

党的十九大报告中提出，"建设知识型、技能型、创新型劳动者大军，弘扬劳模精神和工匠精神，营造劳动光荣的社会风尚和精益求精的敬业风气"。

一、工匠精神的内涵

现代科学技术发展迅速，虽然机器能代替大部分工匠的工作，人们可以减少一些繁复、低效的工作了，但工匠身上那种精益求精、专心敬业的精神以及他们吃苦耐劳的品质是永远不能丢掉的。

1. 科学认识工匠精神

我们一般把具有高超手艺的人称为匠人，匠人也就是工匠。工匠精神，就是工匠对自己的产品精雕细琢、精益求精的科学态度和锲而不舍的精神。工匠精神在任何一个时代都不过时，它应该成为我们灵魂的一部分。尤其在高新技术成为主导发展方式的现代生活中，工匠精神弥足珍贵。

从我国古代的四大发明到近代的蜀绣青瓷再到我们的飞船升天、火箭奔月，这些都将各个时代的工匠精神体现得淋漓尽致。

（1）精益求精是工匠精神的首要标准。

工匠精神的首要标准是，对所有产品都精益求精。在匠人眼中，所有的产品都具有生命力，因此，他们对自己的要求非常严格，能做到 99.99%，绝对不会允许自己只做到 99.9%。每一个匠人都想延长自己产品的使用寿命，想让自己的产品流芳百世。工匠精神，正是指不计较个人利益的得失，始终本着严谨专业的工作态度来对待工作的精神。

（2）信仰是工匠精神的重要内涵。

真正的工匠精神，不仅需要制作过程中具有精益求精的敬业精神，还需要具备一种无比坚定的信仰。匠人们相信自己制作出来的产品是独一无二的，是别人所做不到的，他们依靠自己的信念数十年如一日地做同一件事，并享受每一个制作过程，这就是对精工细作的信仰，也是对工作的信仰。信仰也是工匠精神的重要内涵之一。

（3）创新是工匠精神的重要组成部分。

中国有一词是"匠心"，可以与工匠精神媲美。匠心，指精巧的心思，即有技艺上的创造性。唐人王士源的《孟浩然集序》说："文不按古，匠心独妙。"工匠有了初心，不断提升技艺，就有了"匠心"。这就是创新，就是李克强总理说的"增品种、提品质、创品牌"。能够"独创性地运用精巧的心思"，几十年如一日，下苦功追求卓越，工匠就逐渐成长为"巨匠"。"工匠"成为"巨匠"的那一刻，也就是吉姆·柯林斯所说的，完成从优秀到卓越的跨越的一步。

"庖丁解牛"展现出来的精益与创新，很好地诠释了工匠精神的深刻内涵。"精益"是通过反复训练，精心打磨，达到神乎其技；"创新"却需要找到事物发展的规律，寻求新的发现，冲破新的模式，达到技艺的新境界。

融入思想、创意的工匠精神才是最具现实意义的。无论是一个人还是一个国家，都需要工匠精神，都需要创新思维。工匠精神的本质就是利用可行的技术解决问题或找到解决问题的办法，从而创造财富。有人认为它不仅是工匠文化的一部分，还是一个国家生生不息的源泉。

2. 工匠精神的核心

工匠精神的核心要义在于精益求精和锐意进取。作为职工，首先，要对自己从事的职业充满热爱和好奇；其次，要具备自省自律的品质和强大的心理素质；最后，要以贡献作为实现自身价值的落脚点。只有同时具备以上几点，才能制造出精良的产品，也只有具备进取的精神和专业的素养，才能帮助我们在获得工作效益的同时推动社会进步，进而实现自己的人生理想。

精神是一个民族的文化气质、文化品格，它深刻地影响着一个民族的生存和发展。而文化的核心是精神。对于每位劳动者来说，我们只有立足自己的岗位不断培养自身素养，主动钻研专业技能，提升职业素养，为集体、为社会持续贡献自己的独特价值，我们的个人梦、集体梦和中国梦才能得以实现。

李克强总理曾提出要"培育精益求精的工匠精神"。不管是从国家社会宏观发展还是企业组织微观成长，乃至劳动者追寻个人职业生涯的成功来看，工匠精神无疑都是值得提倡和大力弘扬的一种职业素养。而要弘扬工匠精神，就必须始终牢牢抓住工匠精神的核心：精进。

工匠精神的核心是精进。精进，即通过兴趣热爱、自律自省、强大的心理韧性和抗挫力，不断推进自身在本职岗位和本专业领域内锐意进取、贡献价值，持续助力人企和谐共赢、国家社会繁荣发展。

对于企业来说，我们不但要培养懂技术、能做事的工匠，更要培养懂技术、会好好做事的一流工匠。而不忘初心，始终怀着最大的热忱，坚守第一次把事情做好、做对的信念与精进精神，正是打开一流工匠之门的钥匙。

如果我们对自己从事的工作足够热爱，便能够催促自己不断开拓创新、刻苦钻研。除此之外，自省自律的品质也是必不可少的，它能保证我们热爱工作的心始终如一。

我们在从事自己本职工作的过程中，难免会遇到各种各样的困难，甚至遭遇失败，这是在所难免的，此时我们要收起萎靡不振的消极态度，更不能轻易选择放弃。每个人的职业生涯都可能遇上问题，很少有一帆风顺的，但我们始终应该怀着对未来美好的憧憬，怀着必胜的信念，相信眼前的困难都是暂时的，以自己强大的内心力量从困境中寻求突破，从而为工作开辟新的契机，迎接新的挑战，这样我们才会看到新的曙光。

二、工匠精神的特征

工匠精神的传承应该秉承遵循自然发展的原则，以言传身教的方式代代相传。在口传心授的过程中，更传递了耐心、坚持、专注的精神。

1. 创　新

把原来不存在的事物创造出来的人就是创造者，其最大的特征就是有意识地对事物进行颠覆、探索或革命。

有工匠精神的人应是一群拥有独特个性、崇高人格，懂得时尚，从事创造工作的人。他们有对工作负责任的态度，不断追求完美与创新，高度重视细节，尽可能做到百分之百的成功。他们从注重产品创新逐渐发展到注重市场创新、技术和组织形式的创新，最终达到全面创新的目的。

在工作中，充分发挥自己的想法和创意，最终的目的是让工作成果更加令人满意，在事业上具有开拓性，是创新的表现，也是员工积极工作的体现。一旦锁定了自己的终身职业，懂得开拓的人，必定会把百分百的激情投入工作中。时不我待，在职场上，优秀的员工不应该止步于眼下的利益，应有选择地开拓进取，寻找更多的契机。

2. 精心、用心、专心

匠心之作即把自己与作品融为一体，将整个身心都投入作品中，而不是将工作当成任务去做。作品即人品，做的每件事都是自己人品的真实写照。有作品心的人对自己的所有作品都尽量做到完美，人要是有了作品之心，工作就会成为一种愉快的活动。

只有心系目标，将自己的精力和时间都用到该用的地方去，才有可能创造出好的成果。专心致志，集中精力，不为他物所动，这便是匠人不可缺少的品质。生活在现代社会，就要专注于眼前的事情，脚踏实地，做一个趣味高雅而直率的人，不忘理想，面对诱惑不为所动，工作中兢兢业业，专心研究技艺。

3. 敬　业

工匠精神其实就是敬业精神。有了敬业精神才能很好地为艺术而努力，专心投入企业发展中，专心工作，不断寻求创新，为企业造福，让企业在市场中拥有独特的优势。

工匠精神体现了一种生存之道，是一种人生哲学。学艺的过程其实也是学做人的过程，天才其实是付出了超过常人的努力，坚持了常人无法坚持的梦想，才在不经意间创造出令人们惊叹的佳作，常人因为只看到作品而没有看到他们背后的付出，所以才将这些人看作天才。

4. 自我修养

劳动的目的不止在于提高业绩，还在完善人的内心世界。一个人可以在工作中丰富自己的人格，也可以不断开发自己的大脑，让自己变得成熟稳重，还可以磨炼人的意志，沉静自己浮躁的内心。可见，工作的过程也是修行的过程，工作环境即修行场所。

修养不仅包含着修身养性、自我反省，还包含陶冶自己的品行和提高自身的道德涵养的含义。人之所以要进行修养，就是为了把自己培养成对社会有用的人才，由此才能够负担起众人的期望。

选择学习的榜样，就要选择那些真正具备自我修养的人；努力做自己，就要把自身的修养水平努力提高起来；挑选后来者，就要选拔懂得学习并且具有一定道德水平的人。只有这样，才能让一个企业不断向前发展，让一个团队继续提高凝聚力，让每一个人都能看到一个更加光明的未来。

坚持修养身心，是一个人不断促使自我愿望达成的表现。我们每一天都和各种成功与失败打交道，只有坚持不懈地提升自我修养才能帮助我们打破某一种陋习，帮我们赢得人生中每一个重要阶段的胜利。自我修养更像是一种自我暗示，只有不断提高自我修养水平的人，才能把自身修养提升到一个比较高的水准。

5. 追求极致

人的一生不可能做太多的事情，因此做的每一件事都要尽全力做到最好。

执着的人善于倾听内心的声音。他们有自己的想法，而且很执着，凡事追求完美，拥有一颗强大的内心，不随意因为别人的夸奖而忘乎所以，也不会因为他人的冷漠而黯然神伤。

执着的人对梦想始终坚持，坚守自己的信念誓不放弃，认真对待工作，认真对待工作中的每一个环节，追求完美。

"差之毫厘也要计较"是一种认真谨慎的品质。计较细节的成败更容易将事情做到完美，做出令人赞叹的物品。反之，不在乎细节难出匠品，不在乎细节难以成就大事。

三、新时代工匠精神的主要内容

当前，我国正处在从工业大国向工业强国迈进的关键时期，培育和弘扬严谨认真、精益求精、追求完美的工匠精神，对于建设制造强国具有重要意义。而只有对新时代工匠精神的基本内涵形成共识，才能树匠心、育匠人，为推进中国制造的"品质革命"提供源源不断的动力。

新时代工匠精神的基本内涵主要包括：爱岗敬业的职业精神，精益求精的品质精神，协作共进的团队精神，追求卓越的创新精神这四个方面的内容。其中，爱岗敬业的职业精神是根本，精益求精的品质精神是核心，协作共进的团队精神是要义，追求卓越的创新精神是灵魂。

1. 爱岗敬业的职业精神

爱岗敬业，是爱岗和敬业的合称，二者互为表里，相辅相成。爱岗是敬业的基础，而敬业是爱岗的升华。

"不忘初心，方得始终。"初心就是在人生的起点为自己所设定的计划，自己最初的梦想，是我们倾其一生想要实现的目标。爱岗敬业就是要坚守初心，矢志不渝。

2. 精益求精的品质精神

顾名思义，精益求精，是指一件产品或一种工作，本来做得很好了、很不错了，但还不满足，还要做得更好，达到极致。一生只做一件事，一生只做好一件事，便能令无数人为之动容。这是一种品质，更是一种精神。与其在面对诸多事时三心二意，不如心无旁骛做好一件事。用心去做每一件事，把每一件事都做到最好，便能使世界变得更美丽。

3. 协作共进的团队精神

和传统工匠不同，新时代工匠尤其是产业工人的生产方式已不再是手工作坊，而是大机器生产，他所承担的工作，只是众多工序中的一小部分。如果说"爱岗敬业的职业精神""精益求精的品质精神"是过去的工匠精神中具有的内涵，那么，"协作共进的团队精神"则是新时代工匠精神的新增要义。

4. 追求卓越的创新精神

和"协作共进的团队精神"一样，"追求卓越的创新精神"也是新时代工匠精神的内涵之一，甚至是新时代工匠精神的灵魂。

新时代工匠精神强调的是在继承基础上的创新。因为只有在继承基础上的创新，才能跟上时代前进的步伐，推动产品的升级换代，以满足社会发展和人们日益增长的对美好生活的需要。有无"追求卓越的创新精神"，是判断一个工人能否称之为新时代工匠的一个重要标准。

科学与技术在飞速发展，人类社会面临着智能化浪潮的猛烈冲击，各个领域将出现前所未有的开创性变革。万物互联将成为一种趋势，人工智能已在当下，并创造未来。我们要不断学习，提高自我认知能力、创新能力、适应能力和协作能力，才能对当下和未来有较清晰的认识，并做出合理的选择。未来，创新劳动将占主导地位。在新时代，我们要重新定位自己，要努力成为一名创造者，只有创造者才有未来。创造者思维就是新工匠最鲜活的思维。

我们应该成为一个有信仰的、执着的、脚踏实地的进取者。影响一个人成功的因素有很多，比如个人能力、知识储备、背景条件等。但要想在事业上有所成就，就必须拥有一流的思维，尤其是一流的新工匠思维。新工匠精神不仅是对老祖宗工艺的简单重复的传承，还应包含对科技创新的敬畏之心。我们不仅要传承精益求精、踏实专注的工匠精神，更要通过创意、创新，创造出符合时代发展要求的价值，才能让传统的工匠精神焕发出新的时代光芒。

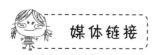

媒体链接

工匠创新扬风帆 服务生产展作为

广州机保段自检修车间宋平同志被公司评为"特货工匠"以来，努力弘扬工匠创新精神，激发爱岗敬业、提升技能的积极性，大力促进高技能人才培养，组织成立了"特货工匠宋平创新工作室"，并在此基础上开启了"特货工匠宋平创新先锋队"党内优质品牌的创建活动。工匠创新工作室自 2019 年成立以来，以"节支降耗做贡献、改革创新立新功"主题宣讲为动力，围绕段安全质量管理、JSQ6 型车段修生产、节支降耗工作等积极开展技术攻关。近年来，共对 21 项技术课题进行立项，已取得 14 项攻关成果并投入运用，在加强生产现场安全、质量、成本管理方面收到了良好成效。在建党 99 周之际，"特货工匠宋平创新先锋队"被公司党委授予"党内优质品牌"荣誉称号。

1. 组建团队，明确目标，严格要求起步

组建工作团队。以年轻化、专业化为导向，采取志愿报名、组织选拔的方式，组建了由宋平任组长、各专业技能骨干组成的创新工作团队，现有成员 14 名，平均年龄 30 岁，其中党员 5 名、团员 8 名。他们在检修车间专门设立了创新工作室，配备了相关专业书籍、技术资料、电脑设备、工具器具等办公设施，为开展创建工作提供条件。

明确创建目标。创新工作室以提高检修质量、保障生产安全、提高劳动效率、降低生产成本、减轻劳动强度等为出发点和落脚点，发挥团队成员来自检修一线岗位、熟悉现场生产流程、掌握现场作业情况等优势，结合现场安全质量管理要求，利用工余和休息时间，积极开展小改造、小制作、小发明等技术创新攻关，为生产现场提供服务保障。

建立激励机制。工作室成员每人每年至少确定 1 项立项创新攻关课题，团队每年至少要有 1 项以上攻关成果。每年由检修车间组织 1 次考评，如有 2 项以上攻关成果

得到运用并产生效益，则提请段对工作室给予奖励；对表现突出的成员，在先进评选、培训学习和进修深造等方面优先推荐；对作用发挥欠佳的进行重新选拔，不断优化团队建设。

工匠室研究制定了《特货工匠宋平创新工作室管理办法》，明确开展"特货工匠宋平创新先锋队"党内品牌创建方案，加强日常工作组织。

2. 创新工作室

发挥工匠带头作用。担任组长的"特货工匠"宋平，负责工作室日常管理，发挥自身专业特长和带头作用，督促各成员履行职责，运用专业技能专长，结合现场生产需要，征求现场作业人员建议，深入思考发掘攻关项目，积极向车间提出攻关课题，充分利用工余和休息时间，组织开展技术创新攻关。

实施项目包保负责。由工作室成员提出攻关课题建议，经工作团队集体研讨论证通过，填写《创新攻关课题立项申请表》，报检修车间、段审批后正式立项，由检修车间指派一名工作成员（或组成攻关小组）负责对立项项目开展攻关活动。

加强攻关过程管控。工作室建立月度、季度例会制度，对攻关项目进展情况，每月由项目负责人填写《创新攻关课题进度跟进表》，在例会上报告课题进度、攻关成效，由工作团队对进度缓慢、存在问题等情况进行分析帮促、制定措施，加强课题攻关进度评估和过程质量卡控。课题攻关完成后，提交《创新攻关课题验收表》，报车间组织验收通过后投入运用。

3. 结合实际，紧扣形势，强化创新攻关

工匠室秉承"弘扬工匠精神、推进全面创新、服务生产现场"工作理念，各成员主动履职、担当作为、积极奉献，依托检修生产为基础，围绕提升安全质量管理，积极主动开展攻关活动。

结合安全高效要求开展攻关。先后为强化段内平交道口安全管理制作了道口声光报警器，为加快120阀故障判断制定了快速判断法，为有效防止漏探错判制定了探伤作业"六到"工作法等，促进生产安全和工作效率提升。

结合 J 车检修需要开展攻关。2020 年 5 月，段取得 JSQ6 型车段修资质，全面开启了 J 车段修工作，为提高检修生产安全质量，工匠室先后研制出 J 车架落车库调车报警器、制动梁手工除锈刷，改进了轮对荧光磁粉探伤机喷液系统、制动梁探伤机充电夹头等，助力 J 车检修顺利推进。

结合节支降耗工作开展攻关。落实"节支降耗作贡献、改革创新立新功"主题宣讲要求，从节约用水用电等小事实事做起，围绕降低生产成本项目选定课题开展攻关。

为建在"长腰岭"山顶的生产用水蓄水池研制了"无线远程水位报警器",以解决储水时水满溢出造成的浪费问题;为加强段调车站场灯桥灯光照度调控,研制了"站场灯桥控制器",以减少无调车作业时的电能损耗,降低站场生产用电成本。

工匠室创新工作团队的工匠精神和工作成效,受到了干部职工的广泛赞扬。

图 7-2 工匠室成员研究专项课题

（资料来源：中铁特货网）

单元 2 铁路工匠精神

习近平总书记在党的十九大报告中强调弘扬工匠精神。铁路作为国民经济大动脉、大众化交通工具,顺应时代要求,传承、弘扬工匠精神是其应有的历史使命和社会责任。

一、铁路工匠精神文化基因

1. 铁路工匠精神的发源

铁路工匠精神是随着中国铁路的艰难起步而生发的。1909 年,由詹天佑带领中国工程队自主勘测、设计、修建的第一条铁路——京张铁路建成通车,秉承着"敬业坚守、追求卓越、精益求精、严谨专注"的詹天佑精神,工匠基因也悄然在中国铁路深深扎根。

2. 铁路工匠精神融入红色革命基因

抗日战争胜利后，由中国共产党领导的第一个铁路局——哈尔滨铁路局于 1946 年建立，并于当年开展了轰轰烈烈的"死机复活"运动，传承铸就的"报效祖国、忠于职守、艰苦奋斗、永当先锋"的毛泽东号精神，也成了铁路最宝贵、最重要的工匠文化基因。

3. 铁路工匠精神踏着改革春风焕发新活力

改革开放以来，秉承着工匠精神，铁路加快建设发展步伐。1985 年，筑路大军发扬"吃苦奉献，争创一流"精神，建成中国第一条重载铁路——大秦铁路；2006 年，以"挑战极限、勇创一流"精神，修筑了世界上海拔最高、线路最长的青藏铁路；1997 年至 2007 年，在实施的多次铁路提速工程中，实现了铁路最高时速从 140 千米到 250 千米的飞跃。

4. 铁路工匠精神随着京津城际铁路开通运营引领中国进入高铁时代

2008 年，京津城际铁路开通运营，作为世界上第一条设计时速 350 千米的高速铁路，创造了前所未有的"京津标准"。随后几年里，世界上一次建成线路最长、标准最高的京沪高铁，世界上第一条高寒地区的哈大高铁，世界上运营里程最长的京广高铁相继开通运营，让中国高铁成了一张亮丽的国家名片。

5. 铁路工匠精神进入新时代，迎来中国铁路高质量发展

从"四纵四横"高铁网络提前建成运营，到"八纵八横"的有序建设实施，从复兴号的投入运营到 350 千米每小时的达速运营，再到京张高铁、京雄城际等智能铁路的建设实施，在新时代，伴随着科技飞速发展和工匠精神的接力传承，中国铁路展现出享誉世界的中国速度、中国智慧、中国创造和中国标准，已然成为领跑世界的"火车头"。

回顾我国铁路的发展历程，铁路工匠精神始终紧紧相随，工匠文化基因早已沁入铁路人的骨髓，在铁路改革发展的各个时期都发挥着关键作用，已经成为激励铁路人奋力前行的核心动力。

二、铁路工匠精神的内涵

铁路工匠既包括从业者这个职业本身所应该具备的价值取向和追求，另一方面也包含着从业者所应追求的一种实践精神，也就是铁路人对自己工作执着的情怀、坚守的忠心和认真的态度。这种责任就像是信仰的力量，催人奋进、助人成长。

1. "忠诚担当、兴路强国"的家国情怀

带着强烈的爱党、爱国、爱路情怀，将本职岗位作为振兴铁路、报效祖国的大舞台，把个人前途追求与矢志不移的铁路梦、强国梦紧密相连，凝聚起全部智慧力量，勇担时代使命，献身铁路事业，奉献伟大祖国。

每个人都有自己的工作，有的人在自己的岗位上终其一生还在原地踏步，有的人却可以在基本生产岗位大放光彩，最根本的原因是自身对待工作的态度不同。我们要把对岗位的热爱，全心全意履行岗位职责落实在实处。解决问题，补齐短板，是作为铁路人最应有的匠心。万千岗位，概莫能外。无论你在什么岗位，我们都需要这种心细如发的匠心和不断进取创新的意识，将执着致力于质量上的改革提升，为争取中国铁路跨上新台阶而奋斗。

2. "敬畏安全、高度负责"的责任意识

牢固树立安全发展理念，时刻保持对安全工作如坐针毡、如临深渊、如履薄冰的危机感、责任感和敬畏感，本着对党负责、对国家负责、对人民负责的态度，把确保铁路安全作为政治红线和职业底线。

安全事故无大小，只有认真才能把事情做对，也只有认真才能把事情做好。

中国铁路驶入快速发展的时期，铁路职工对铁路安全工作认真负责的态度就是一针有效的疫苗。这既可以满足旅客的根本需求，也可以预防、减轻甚至消除影响铁路行车安全的风险出现。

3. "与时俱进、突破创新"的态度

时刻以专业的视角、专注的态度，对专业领域始终保持永不满足、永不懈怠的高度热情，依靠丰富的实践和不懈的探索，不断寻求工作的突破创新，推动一系列工艺革新和技术攻坚，始终走在铁路改革发展前列。

我们需要不断拓展专业技能学习，提升创新、创效和解决困难的能力，与此同时，坚持理论知识学习，实现综合素质提高，成为"有经验、懂专业、讲责任"的铁路工匠。我们不仅要发挥自身优势，更要通过学习他人经验提高自身素质，只有不断地提升和完善自己，才有机会成为一名优秀的"铁路工匠"，实现自己的"铁路梦"。

4. "严谨细实、精益求精"的品质追求

始终追求卓越和极致，在铁路运营维护、设备维修保养、产品设计制造上，自觉践行高标准、精细化的工作理念，在每个环节、每个细节的把控和标准执行上千锤百炼、精益求精。

5. "注重细节、始终如一"的服务品质

把"以人民为中心"的发展思想和"人民铁路为人民"的庄严承诺，落实到每天对每个人的服务之中，持之以恒地将简单、平凡的小事做到极致。

6. "坚守执着、敬业奉献"的道德素养

把工作作为事业来追求，心无旁骛，淡泊名利，数十年如一日，把自己的智慧力量和心血全部贡献到工作岗位上，在平凡岗位上做出不平凡的业绩。既然我们选择了将铁路事业作为自己的终身职业，那我们就要把自己的青春、信念、理想毫不保留地奉献给这份选择。为了更好地向铁路工匠迈进，我们必须做到"我的岗位我负责，我在岗位您放心"。

三、传承弘扬铁路工匠精神的作用

1. 激发实现中国梦、铁路梦的宏大力量

多年来，特别是党的十八大以来，铁路人在工匠精神的激励和感召下，苦干、实干、巧干、拼命干，走过了发达国家几十年的发展历程，取得了一个个举世瞩目的辉煌成就。在习近平新时代中国特色社会主义思想指引下，铁路行业大力传承和弘扬铁路工匠精神，忠实履行交通强国、铁路先行历史使命，必将为实现中国梦和铁路梦做出更大贡献。

2. 促进了中国铁路实现由跟跑、并跑向领跑的转变

在工匠精神特别是创新创造精神的孕育和发展过程中，铁路人通过引进、消化、吸收再创新，为铁路建设、改革、发展提供了强有力的技术、管理、装备和人才支撑，实现了中国铁路由跟跑、并跑向领跑的华丽转身，高高竖起了中外铁路史上的新标杆。

3. 锻造了一支过硬的铁路人才队伍

在传承弘扬铁路工匠精神过程中，通过建立健全人才培育的制度机制，打造"铁路工匠""铁路榜样"等工匠文化品牌，铁路工匠、技术精英、青年人才大量涌现、层出不穷，培养和锻造了一支复合型、创新型、专家型、实干型的过硬人才队伍，为铁路实现高质量发展、建设现代智能铁路提供了有力的人才支撑。

4. 拓展了铁路思想政治工作的内涵和外延

铁路对工匠精神的坚守和执着，既是铁路人践行社会主义核心价值观的生动体现，又是铁路思想政治工作围绕中心、服务大局的题中之义。在新时代，铁路工匠精神在不同工种、不同岗位，面对不同任务、不同要求，又具象为"毛泽东号"精神、高速铁路精神、重载铁路精神、高原铁路精神、高寒铁路精神等。这些又进一步丰富和拓展了铁路工匠精神和铁路思想政治工作的内涵和外延，并将继续伴随着时代进步和铁路改革发展不断结出新的硕果。

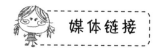

勇攀技术高峰的"高铁工匠"

张雪松，中国中车唐山机车车辆有限公司铝合金分厂数控机床装调维修工、高级技师，获得全国道德模范、全国优秀共产党员、全国劳动模范等荣誉称号，是党的十八大和党的十九大代表。

张雪松是中国第一代高铁工人。多年来，技校毕业、钳工出身的他，积极学习数控维修、数控加工、可编程控制器、三维制图等技术，现已成长为中国中车唐山机车车辆有限公司高铁列车制造现场的复合型技术专家。

身为高端装备制造设备的"医生"，张雪松完成技术革新 109 项，制作工装卡具 66 套，撰写工艺文件和操作指导书 72 项，改进进口工装设备技术缺陷 20 多项，创造经济效益 300 多万元。

1. 不能只是体力付出，而是要向世界先进技术发起挑战

张雪松的父辈是铁路职工，从小在车站生活、小区长大的他，对铁路有着深厚的感情。

1989 年，张雪松初中毕业后进入唐山机车车辆厂技工学校，学习钳工专业。1992年，他进入百年老厂唐山机车车辆厂工作，成为一名铁路技术工人。

刚刚参加工作的张雪松穿上蓝色铁路工服，特别开心。第一个周末，他就兴冲冲地把工服穿回了家。

"没想到一进门，我妈见我这身打扮有点不高兴，问我下班了咋不换件衣服。当时正好有个亲戚来家里串门，我妈觉得我这身'干活儿'的行头不体面。"张雪松说。

事后，当时 19 岁的张雪松对母亲说："谁说'工'字不出头？我把'工'字变成'干'字，不就出头了嘛！"

张雪松早早认识到，新一代技术工人，不能只在某一方面拥有出众的能力，而要有多个专业的技术储备，成为复合型人才。

他开始自学铆工、焊工、电气、机械、计算机等业务知识，他爱人是电工，他就向她请教，跟着书本学画电路图。他还进修了机电一体化专业的大专课程，学习了维修电工、PLC 编程、CAD 设计知识。人到中年的张雪松回首当年的学习时光时，依然感叹不已。

2004 年，中车唐山公司迎来高铁发展的新机遇。"是中国高铁的发展成就了我。"张雪松坦率地说。通过考试、应聘，张雪松从钳工转行数控机床装调维修工，专门负

责大型进口设备的维修保养。

常常以"制造中心"命名的大型进口数控设备，是制造现场现实版的"机器人"。张雪松是技术层面"机器人"的最高管理者。

高速动车组铝合金车体生产的每一道关键工序都要由大型数控设备来完成。为此，中车唐山公司先后引进了价值3亿多元的几十台尖端数控设备。从安装到调试都是高科技，当时厂里几乎无人敢碰，都是由外国人主导。

张雪松买来专业书籍，一本一本地"啃"。白天工作忙，他就晚上学，写下了几万字的读书笔记和学习心得。

此后多年，张雪松先后在机械钳工、工具钳工、车辆钳工等岗位工作过。他踏实、刻苦，在工作中敬业、专注，努力把手中的事情干到极致，先后在省、市各类比赛上夺得4个"钳工状元"。

价值2 000多万元的加工中心由德国技术人员负责现场安装，张雪松带领工友配合安装。完成德国技术人员分配工作的同时，张雪松每天观察记录德国技术人员的操作。在拼接机床主床身时，张雪松发现地基打孔位置与机床安装位置不符，马上通过翻译指出问题，而德方技术人员凭经验认为安装没有问题，结果在安装时出现返工。这件小事过后，德国技术人员主动邀请他参与机床的安装调试。在60米导轨安装过程中，张雪松认真分析图纸，发现其中一处缺少地脚配件，避免了又一次返工。

2008年9月，时速350千米的高速动车组开始在中车唐山公司大批量生产。一次，用于铝合金车体大部件加工的8把专用机夹铣刀先后损坏，从国外采购来不及，外包修理没人能承接，动车组生产面临停工局面。张雪松连续钻研两个通宵，将价值5万多元的刀具全部修复，车体生产恢复正常。

张雪松先后排除各类复杂的数控加工设备疑难故障20余次，解决了许多外国专家都没能解决的问题，其中2项工装研制项目还申报了国家专利。

张雪松说："高铁给人们出行带来了全新体验，我们也需要更多更高水平的技术工人。新时代的产业工人不能再像以前那样只是付出体力劳动，而是要勇于站在新技术的前沿，敢于向世界先进技术发起挑战。"

2."工匠精神"是一种技术追求，也是一种职业态度

对张雪松而言，"工匠精神"是一种心无旁骛、锲而不舍的技术追求，也是一种精益求精、追求卓越的职业态度。弘扬"工匠精神"，就是要精心打磨每一个零部件，生产优质的产品。

高速动车组有9大核心技术，铝合金车体制造是其中1个难题，难就难在铝合金型材的焊接技术上。2005年5月，张雪松受命带领从各单位精心挑选的16名精兵强将组成铆钳班，负责研究磁悬浮列车和高速动车组铝合金车体生产技术，并在一个月内造出试验车体。

起初，由于没有铝合金车体焊接技术经验，焊接工人们明显感到原来的焊枪不那么"听话"，工件也不听使唤了，铝合金型材焊接后出现了变形、开裂等缺陷。

张雪松带领全班员工反复摸索铝合金车体侧墙、端墙、车顶组装调修的组焊工艺，进行分步试验调整，从一个小小的截面开始，2米、5米、10米，再到整车的组焊拼接。

经过成百上千次试验后，他们记录积累了"变形量""焊后调修"和"调修加热温度控制"等8种翔实数据，总结出"调整装配法"和"夹具压紧点多点支撑"的系列铝合金型材组合焊接工艺方法，保证了动车组车体的各项尺寸精度，很好地解决了焊接变形问题。这一系列技术攻关，为高速动车组批量生产找到了科学工艺技术方法。一个月后，首辆高速动车组铝合金车体顺利试制成功。

2008年4月11日，中车唐山公司第一台国产和谐号动车组成功下线。中国用3年时间，走完了国外20多年的技术路程，成为世界上仅有的几个能制造时速350千米高速铁路移动装备的国家之一。

那天，张雪松和他的工友们站在电视机前，看着经过自己打磨制造的动车飞驰在祖国大地上，激动的泪水溢满眼眶。

如今，中车唐山公司已经累计生产和谐号、复兴号等各种型号的高速动车组700多列，总计5 000多辆。从当初试制的第一辆铝合金车体开始，张雪松所在的铝合金厂就做到了动车组车体制造质量"零缺陷"，为搭建中国中车谱系化、标准化动车组产品技术平台发挥了重要作用。现在，每当有新车型试制时，他的"金蓝领"工作室每名成员都会负责一个关键部位，并根据生产实际，向设计部门反馈改进优化意见。

2020年是张雪松进入中车唐山公司的第28个年头。当年技校毕业的毛头小伙，已在时光的砥砺中成长为机械钳工和数控装调维修工高级技师、中国中车首席技能操作专家、享誉全国的"金蓝领"工人。最让张雪松感到自豪的是，2012年中车唐山公司为德国西门子公司批量制造了高速列车铝合金车体大部件，实现了高速动车组关键技术产品从引进到出口的华丽转身。

3. 制造业中机器人时代到来，新一代技术工人有了全新定位

与时俱进，勇于创新，用匠心铸就高质量，这是张雪松等中国中车高铁技术工人身上的共同特质。

自2006年中车唐山公司铝合金厂开始生产高速动车组铝合金车体以来，数控焊接和手工焊接后形成的焊缝一直需要打磨工手工打磨。2017年，中车唐山公司提出智能制造方案，在张雪松领衔的"金蓝领"工作室努力下，机器人打磨开始替代手工打磨。

"现在我们技术攻关基本上都依靠机器人，这也是今后高速动车组生产全面实现'智能制造'的突破点。"张雪松说，"经过两年的摸索、全面推广用机器人代替手工

打磨车体，标准化、数字化、智能化的车体制造生产线已经投入使用。"

张雪松深知个人力量的有限，只有更多的员工掌握新技术，才能使企业跟上技术发展步伐。在工作室里，他最爱说的一句话就是："企业好比一列高速动车组，只有所有车厢的动力同时启动，整趟列车才能跑出高速度。"因此，张雪松注重发挥团队的力量，带动和培养大家共同提高，成了公司最早的"金牌工序"。

这些年，张雪松在实践中研究出不少"绝活儿"，他都一一记录在本子上，积累了十多万字的工作日志。他毫无保留地把工作日志借给工友们看，还经常组织召开班组攻关讨论会、绝招演示会，通过"教学练比"等现场技能切磋活动，促使员工互相交流、共同提高。

"制造高速动车组是数万名员工共同努力的结果，只不过我站在荣誉前，他们站在荣誉后，我觉得他们应该获得更多掌声。"张雪松说得很实在。

如今，张雪松正忙着带领团队研究和推广铝合金车体"智能制造"新模式，让标准化、数字化、智能化的车体制造技术再进一步深入到所有工序。

张雪松带领工作室成员每年至少培养 3 名以上技术尖子，每年完成技术创新 100 余项，完成培训 500 多人次。在实践中创造的不少"独家秘籍"，他都一一记录下来，陆续分享给工友们。

张雪松在担任铆钳班班长时的铆钳班的 16 名员工，现已全部成长为各关键工序独当一面的人才。其中有 4 名员工被任命为工段长，9 人到其他班组担任了班长，2 人获得全国技术能手称号。以张雪松名字命名的"张雪松国家级技能大师工作室"被评为"全国劳模创新示范工作室"。

作为"高铁工匠"的代表，面对未来，张雪松说："我们要掌握更多新技术、新本领，制造出速度更快、质量更好、乘坐更舒适、更加经济安全的高速动车组，推动铁路高质量发展，用中国高铁连接世界、造福人类！"

图 7-3　勇攀技术高峰的"高铁工匠"

资料来源：（《人民铁道》报）

复习思考题

1. 工匠精神的内涵是什么？
2. 新时代工匠精神包括哪些内容？
3. 铁路工匠精神的内涵是什么？
4. 联系自身实际谈谈如何成为一名新时代的铁路工匠。

参考文献

[1] 尹凤霞. 职业道德与职业素养[M]. 北京：机械工业出版社，2012.

[2] 孟毅军，龙业江. 铁路职业道德[M]. 成都：西南交通大学出版社，2014.

[3] 王跃庆. 铁路职业道德[M]. 2 版. 北京：中国铁道出版社，2017.

[4] 郭汉祥，黄华. 职业道德[M]. 4 版. 北京：中国劳动社会保障出版社，2018.

[5] 付守永. 新工匠精神：人工智能挑战下如何成为稀缺人才[M]. 北京：机械工业出版社，2018.

[6] 中国中铁股份有限公司编委会. 工匠之歌：献给奋战在生产一线的中铁人[M]. 北京：中国建筑工业出版社，2019.

[7] 中国铁路成都局集团有限公司. 高速铁路工电供一体化基础知识[M]. 北京：中国铁道出版社，2019.

[8] 胡林. 工匠精神与职业教育[M]. 沈阳：辽海出版社，2020.

扫码阅读《新时代交通强国铁路先行规划纲要》